チジウガミ

―私の霊拝みの記録―

山内　昌勝

霊拝みの時の供え物

帳簿（基本）

帳簿下から　習字紙三枚二つ折り、ウチカビ（打ち紙）
　　　　　　ミレーシ（クバンチン、白紙）
線香　　　右より束香。二十四香分（３香分×８本）
　　　　　十七香分（平香２枚＋３香分＋２香分）、
　　　　　十五香分（平香２枚＋３香分）

①ビンシー
　手前左右：洗い米、真ん中：花米に 30 円
　御神酒と湯呑み
②ウチャヌク
③果物（みかん三個、バナナ三本、リンゴ１個）

供え物（仏壇）

香炉（青、白）共に十五香分灯す（束香はなし）。

供え物（自宅、根屋、門中拝殿）

火の神、観音様、床神様の香炉では十五香分（三組）を横並びに立てて灯す。

親族の供養願いの帳簿（自然番）

基本の帳簿三部を三組。

御恩上げの帳簿（お墓のご先祖様）

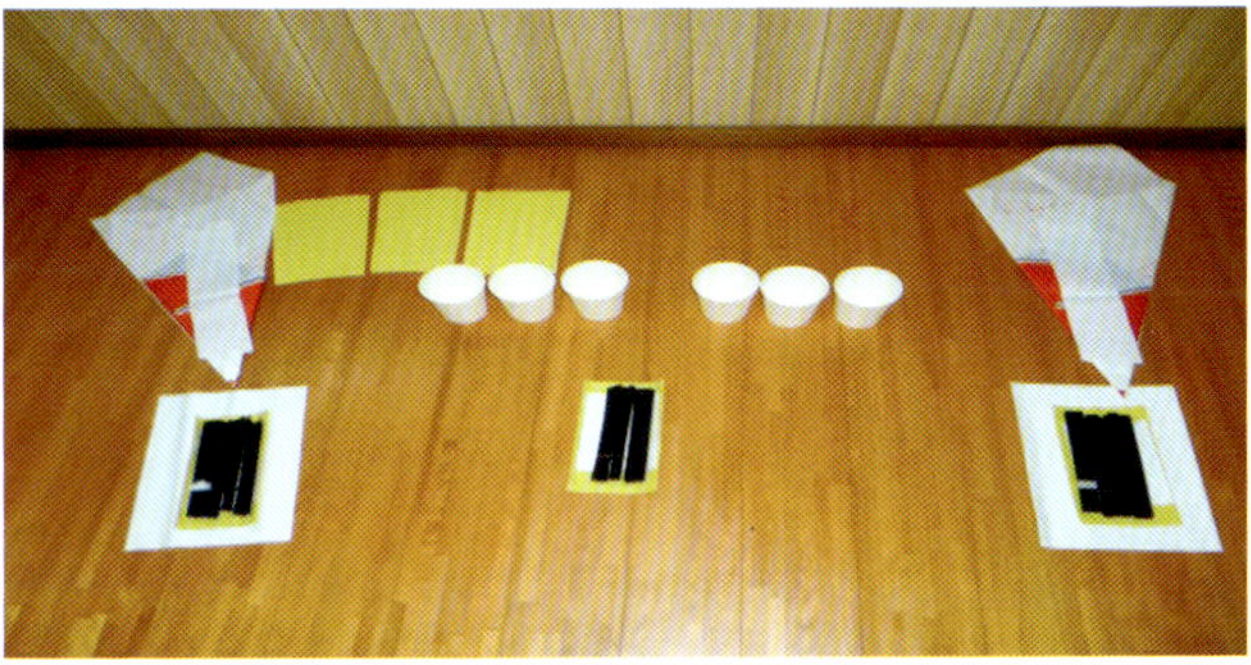

①真ん中の帳簿は基本（ｐ３）から束香を取る。
②左側は先祖に、右側は神様へ酒、水、お茶を供える。
③ウチカビ三部重ねた物を三組。
④天地紙は二部。

霊拝み帳簿（第一段階）

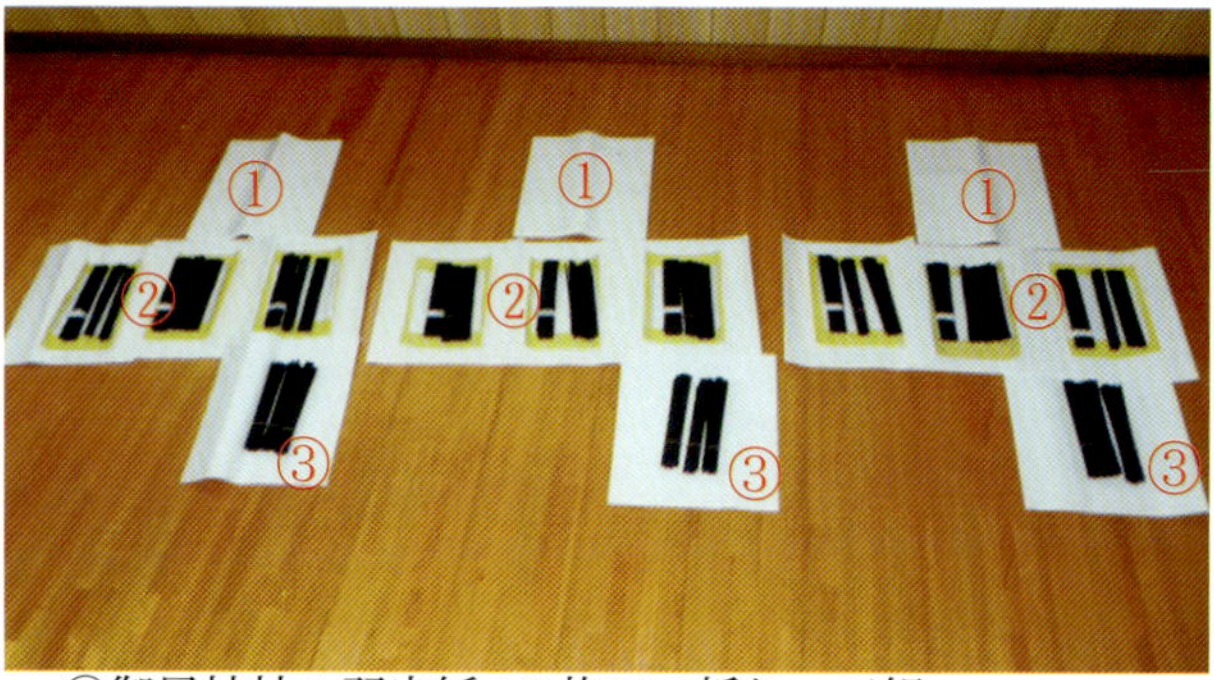

①御星神帖：習字紙 12 枚二つ折り　三組

〈線香〉

東香

十七香（3香×5本＋2香）

十五香（平香2枚＋3香）

②三天三天帳簿：三組

③ふるく古帳

習字紙3枚を二つ折にした上に二十四香（平香3本×8枚）を三束置く。三組

霊拝み帳簿（第二段階）

第一段階の帳簿に両側に色橋（内側）と白橋（外側）を追加。

霊拝み帳簿（第三段階）

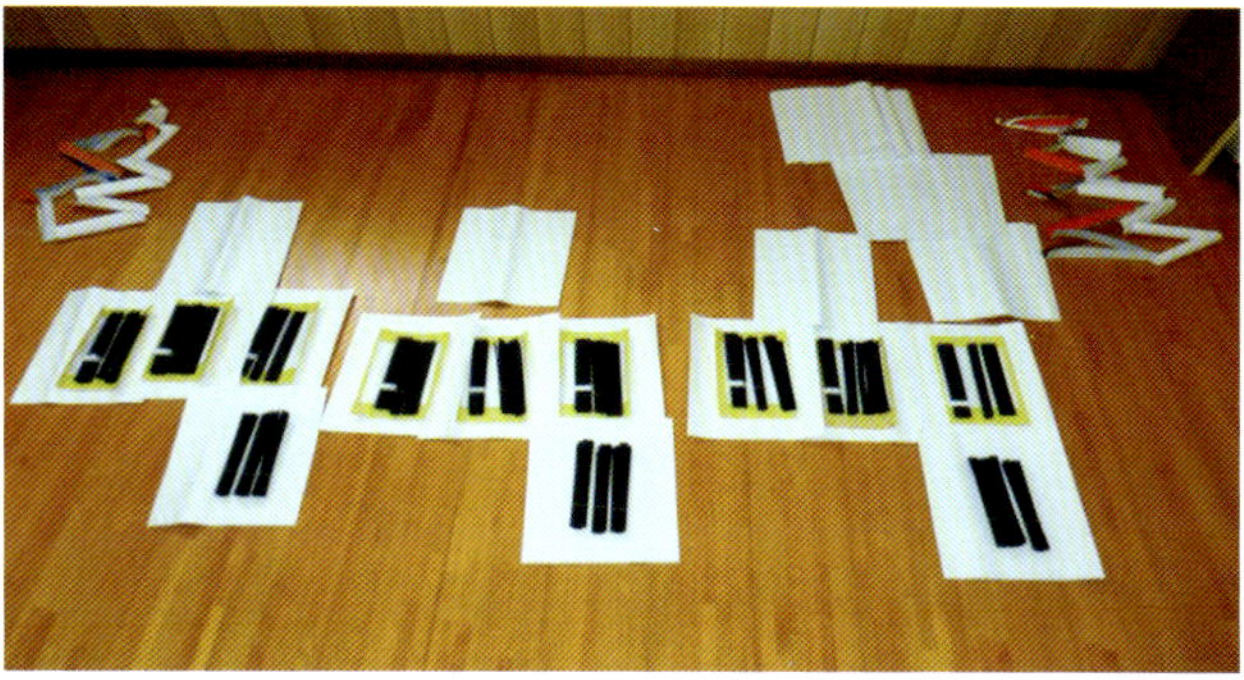

第二段階に御嶽帳、七世の帳簿、三十六帳追加。

年末、年始の家族健康祈願

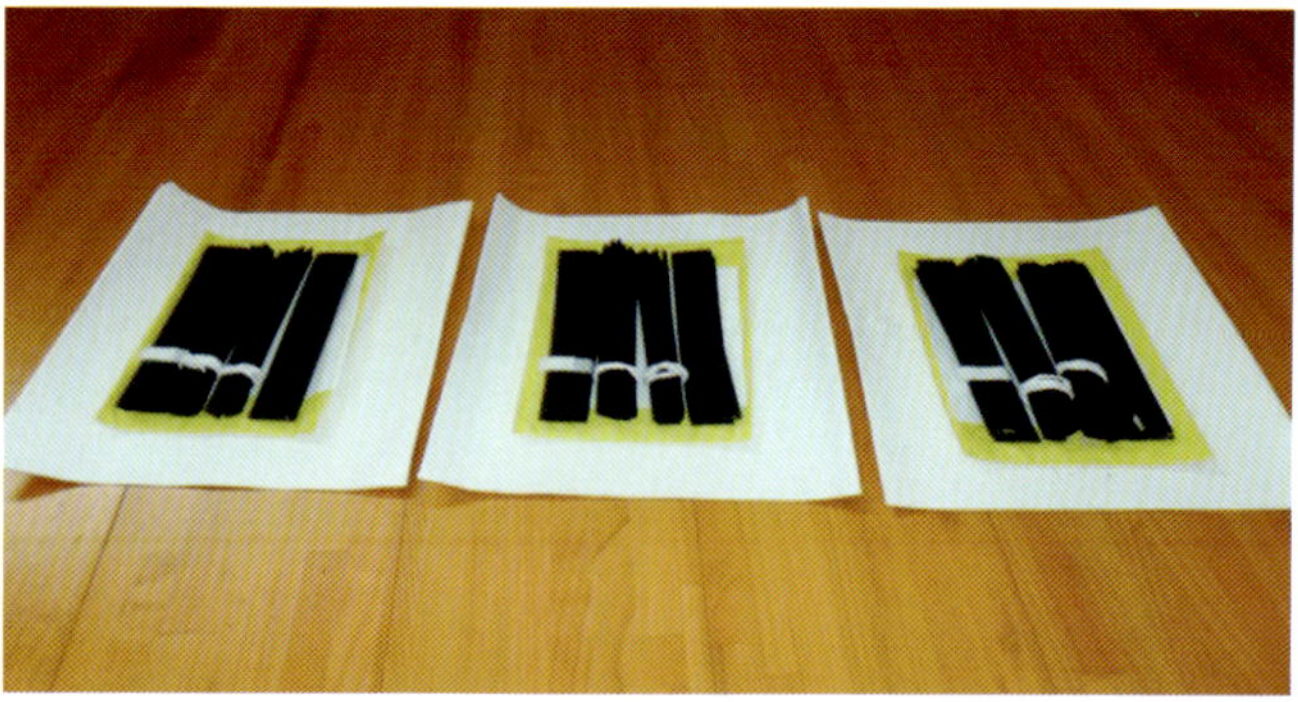

1、自分の出身地の井戸御嶽
2、自分の居住地の井戸御嶽
3、首里の十二カ所
それぞれ基本の帳簿三部

神様（観音、守護霊、床神）御仕立て

帳簿（習字紙九枚の上にミレーシ三部供える）
線香（束線香、十七香、十五香、十二香）を縦に並べて全部灯す。

目次／チジウガミ―私の霊拝み の記録―

第二章　霊拝みの拝所

第三章　補充の霊拝み

第六章　霊拝みのグイス

第七章　霊拝みを終えて

序章　霊拝み実施の理由

「霊拝み」とは

「霊（チジ）」とは守護霊のことで、『沖縄の御願ことば辞典』（高橋恵子著）によると「霊主《チジスー》」、「霊前《チジメー》」、「霊神《チジガミ》」と同義語とある。

そして私の行った「霊拝《チジウガ》み」とは、その自分の守護霊様を捜す拝みの事である。もっと一般的な言葉で表現すれば、霊拝《チジウガ》みとは、「霊能者（ユタ）になる為の修業の拝み」であるとも言える。霊拝みの補助をする霊能者のことを「チジアキヤー」と言うが、言葉が長いのでこの本では「中持ち」と呼ぶことにする。

私は、何の変哲もない平凡な人間である。研究者でも物書きでもない。したがって、一般の社会人の目に触れる文章を書かなければならない今の自分に恐れおののいている。しかし、自分は、妻はもちろん子供達さえも理解し得ないような、この「霊拝み」を実施した。私は子供たちの嫁、婿達並びに孫たちへの説明責任を果たすためにあえてこのことを書き遺すことにした。

私が生まれた地域の民間信仰

私は最初、この本に「沖縄の民間宗教」というサブタイトルをつけた。しかし、自分で霊拝みをしながらいろいろな人々の話を見聞しているうちに、沖縄全県にあてはまるような決まった民間信仰の形はないのではないかと思うようになった。

確かに沖縄本島の大部分の地域では、琉球王朝時代からの習慣として、その家の長男が財産、墓、祭祀用具も相続し、家系を引き継いでいくのが、ほぼ習慣化しているようである。しかし、同じ沖縄県でも宮古島では違うようである。宮古島では必ずしも長男でなく、家の家督相続や祭祀用具の相続も、両親の最期を看取る子供がその相続権を行使することが多いと聞いている。その事からすると、沖縄全県をカバー出来る民間信仰は、多種多様で具体的に表現できる言葉は無いような気がする。そう考えると、「私が生まれた地域の民間信仰」という言葉が妥当かもしれない。

言葉の揚げ足取りは、私は文筆家でもないので許して貰うことにして、本筋に入っていくことにする。

私はこの拙文を趣味で書くのではない。私は霊拝みを通じて三つの宿題を神様から課された。その第一の宿題が「私が実施した霊拝みの事を記録に残しなさい」と言うことらしい。私は霊感がないので自分の言葉で言うことはできない。これらの事は神様からの伝言として霊能者を通じて伝え聞いた言葉である。これから私のようなある霊（チジ）を宿命として持って生まれてくる後輩たちの為に、その子供たちの親たちが読んでくれることを期待して、勇気を出して書き残すことにした。

私は普通の人のようで普通ではない。これから述べるように私は非現実的な体験もした。また、不眠症という病魔によく襲われた。精神科、今でいう脳神経外科の病院にも行き、診断をしてもらい、治療も受けた。その度に、私の病名は自律神経失調症と命名され、その治療も度々受けた。治療の効果はないとは言えないが、十年程を周期に繰り返してやってきた。しかたなく、私は神にすがる事にした。

幼少期の不思議な体験

まず、私の生い立ちについて、そして霊拝みをすることに至った過程をお話ししたい。

私の父親の実家は、字の楊姓門中の本家である。父は実家の三男で、私はその二男である。本家の長男伯父の嗣子は十三歳で早死にし、二男伯父は結婚したが子供に恵まれず二十八歳の若さで死去したことになっていた。

私の出身地読谷村字宇座部落では、満七歳未満の子供は養子を取ることはなく、七歳以上の男子の子供からは代祖が立ち、養子を取ることが出来る。しかし、その人に子供が出来なくて養子を取る場合でも、従兄弟が養子に行くことが禁じられている。

太平洋戦争中、本家の子孫を絶やしてはいけないと言う理由で、兄は母や妹たちとともに、私は長男伯父と共に別々に避難した。終戦後、私は長男伯父の養子となり、一年程その家で生活していた。その時、私は不思議なできごとを体験した。ある日学校から帰って家で横になって休んでいたところ、なんと霊界の役人が四、五名家に入って来て私に縄を巻きつけてその家から引きずり出したのだ。私は目が覚めたものの、あまりのことに家にいた従姉にヤブー（現在の鍼灸師）の所に連れていってもらった。ちょうどヤブー爺さんの屋敷の角の所まで来た時、憑依していた霊が私から離れて行くのがわかった。

ヤブー爺さんは私の手首の脈をとりながら「君は霊に遭遇したな」と言われた。爺さんは憑依を解くための鍼灸をして下さったが、私は伯父の家に帰るのが怖くなって、その足で自分の実家に戻った。母にこれまでのいきさつを話したら、すぐに霊能者（ユタ）の所へ習いに連れていかれた。するとその霊能者に「この子供はシジダカウマリしているから、養子には行かすな」と言われて、それから実家の母親と共に暮らすようになった。

私は実家に帰ってから高熱を出して三、四回引付けを起こした。私はそのまま「てんかん」もちの病人になるのではないかと心配したことを今でもはっきり覚えている。その事を契機に私は霊界のことを信ずるようになった。伯父は何度も私を連れ戻しに来たが、理由も言えずに断りつづけた。伯父も幸いあきらめてくれた。

その後、霊能者の教えで「ねむりサメ」という名前の煎じ薬で治療してもらい、引付けも治った。

霊能者の判示

私が高校生の頃、明治生まれの私の伯父、伯母、母親は太平洋戦争の為に破壊された先祖の香炉、御墓の再建造を迫られ、その時期、方法を習うために霊能者（ユタ）の所にたびたび出かけていた。私もその道案内として同伴したのだが、霊能者の人たちは、私の干支と生年月日を聞くと「君は霊高《サーダカ》生まれしている。将来霊拝《チジウガ》みをしなければならない。」

と言われたものだった。その頃はまだ自分も若かったので、ユタの方達にそう言われても、その意味もわからず聞き流していた。

ところが二十二、三歳の頃。用事で小学校の同期だった友人の叔母の所に行った時だった。彼の叔母が霊能者（ユタ）である事は噂で知っていた。しばらく霊能者の所には行っていなかったので、せっかくの機会だと思い占ってもらったところ、干支で祈願なさった後で私の所に振り向いて「何もないよ」と答えられたのだ。実は干支を聞かれた時にあやまって彼女の三男と同じ干支だと答えたために、丑年として祈願されていたのだ。

私たち昭和十三年生は第二次大戦後、一九四五年に新一年生になった。私達の学年は戦争の影響で、一歳年上の丑年生の人と寅年生の人と約半々で構成されていた。それで、同年とは言え、彼女の三男は丑年生まれであったが、私は寅年生まれだったわけである。私は理由を告げて、自分の干支が寅年である事を言って再度占ってもらった。

すると霊能者（ユタ）の叔母さんは祈願を終えて私の所を向くなり、「君のものは重くて、体調の悪い私には教える事はできない。」と私のことを占うのを中断した。そして「君は将来自分の部落の楊姓門中の拝殿の御先祖様のことを、門中の人たちを集めて相談して解決する霊を持っているから、そのことを肝に銘じておきなさい」と言い残した。

不眠症と闘う

そして三十八歳の頃だった。私は今度は極度の不眠症に陥った。精神科の病院に通院して治療していたが、治療の効果も無くなかなか治らない。しまいには薬の副作用で両手が震え、禁断症状が起こるようになった。仕事も満足に出来ず、とうとう三ヶ月の病休を取って自宅で療養していた。

そこに同僚が見舞いに来てくれた。彼も私と同じ経験をしたが、本土に行って断食道場で断食をして治療して回復したらしい。それで彼の勧めもあって、当時那覇市安里にあった断食道場に入門して治療することにした。しかし、私の場合は二週間ほど経っても効果が表れず、かえって禁断症状がひどくなった。それが原因で断食道場から追い出された。仕方なく自宅に戻り、病院を変えて治療することにした。

今度はかかりつけの先生にお願いして、薬をこれまでの錠剤から粉末に変えて貰うようにお願いした。自宅ではリハビリの為に毎日、朝と夕方の二回のウォーキングをした。最初は五百メートル程しか歩けなかったが、一ヶ月程継続しているうちに五キロメートル程歩けるようになった。病休の期限が切れたので、不安はあったが職場に復帰した。

復帰後は時々胸の動悸を感じることもあったが、そのような時には気分を鎮めるために休みながら、なんとか仕事を継続できた。気づかないように睡眠剤の成分を減らして下さるようお願いしてあったので、二年程通院治療して不眠症を直すことが出来た。

生まれ年前後の体調不良

このように私は度々「霊高生まれしている。将来霊拝みをしなければならない」という宿命を感じていたものの、実際に行動を起こすことなく過ごして来た。

しかし、五〇歳になってまた体の異常を感じるようになった。まず朝起きて仕事に出かけようとすると、体が重く、倦怠感に襲われた。重い体を引きずって職場に着くと、体の事は忘れて何とか仕事は出来た。そのような状態が二〜三ヶ月続いた。

私は干支の寅年の前後に体を悪くすることに気がついた。二十六歳の時は、職域のバレーボールの試合中にチームメートの頭と私の顔を激しくぶつけて怪我をした。それが原因で中心性網膜炎を発症し、その治療に長い時間を要した。

三十八歳の時には前述したように極度の不眠症に陥り、投薬の副作用で禁断症状を起こした。そのために三ヶ月間の病体を取って治療した。だから四十九歳の干支の寅年を過ぎ、体の異常を感じた時、今度は恐ろしくなって神にすがることを決意した。それ以後の事については、次章から書く事にする。

第一章　霊拝みの御待ち願い

(1) 御待ち願い拝み

前にも書いたように私の父親の実家は、字の楊姓門中の本家である。そのために高校生の頃から明治生まれの伯父、叔母、母親が県内の霊能者（ユタ）の所に行く時は道案内としていつも行動を共にした。霊能者の所に行くとどの霊能者も私の顔を見るなり、「君は霊高生まれしている。君は将来門中のことをやらなければならないし、霊拝みもしなければならないから今からその心の準備はしておけ」と言われていた。

私は何となくこの件から逃げられない気がしていた。しかし、教師という職業柄、霊拝みすることに抵抗を感じていたのだが、五十歳の時に覚悟を決めて神様に頼ることにした。だが、私は晩婚で、その時上の子がまだ中学二年生だった。私は子供達を当たり前に養育するため定年までは霊拝みすることは待って下さるようにと、中持ちの霊能者を通して御先祖様にもそのようにお願いすることにした。その御待ち願い拝みについて以下に記す。

出発時、自宅火の神への線香、帳簿

・一組の帳簿（三枚重ね、その上にミレーシ、ウチカビ）

線香（束香、十七香、十五香、九香、七香）を三組置く。

・香炉に十五本を立てて拝む。

沖縄の拝みは必ず出発時にその日の拝みの目的を自宅の火の神に告げ、終わって帰ったらその日に拝んだ拝所の報告をする。従って火の神抜きでは拝みは行えない。法事のときも午前中にその日の目的を火の神に告げてから実施する。沖縄では神事、法事を行うときは火の神は必要不可欠である。

以下、実際に御待ち願い拝みで拝んだ拝所、供え物を記す。

一、大里部落拝所拝み

【一回目】一九九〇年二月二十四日　沖縄市大里（私の居住地）

〈拝所〉

①ノロ殿内　②根屋　③殿　④御先井戸　⑤ノロ井戸　⑥大井戸

⑦飲み水井戸　⑧産井戸　⑨タキグサイ　⑩ウガングワ山

〈供え物〉

①重箱半クン　②ウチャヌク付きビンス　③線香（束香、十七香、十五香、九香、七香）

④ミレーシ、ウチカビ

二、両親の門中拝殿、御墓拝み

【三回目】一九九〇年三月四日

〈拝所（シジ方、オンヌ方ヌコール番ぬヌチアギ）〉

①勇一山内　②西山内　③山内　④真志桃原　⑥桃原

⑦ナーカ殿内　⑧桃原中元

〈供え物〉

①菓子　②ウチャヌク付きビンス　③線香（束香、十七香、十五香、九香、七香）
④ミレーシ、ウチカビ

【三回目】一九九〇年三月一八日
〈拝所（シジ、オンヌ方ヌ骨神ヌヌチアギ）〉
①西山内墓　②山内門中の墓　③桃原家の墓　④宇座城（桃原家の墓）
⑤桃原の墓（残波）　⑥ナーカの墓　⑦桃原門中の墓（那覇市天久）
〈供え物〉
①重箱半クン　②ウチャヌク付きビンス　③線香（束香、十七香、十五香、九香、七香）
④帳簿、ミレーシ、ウチカビ三万貫（左、中、右三ケ所に）、他、九万貫のウチカビ

三、北読谷六ケ村の拝み

【四回目】一九九〇年六月三日

①瀬名波ノロ殿内　②瀬名波根屋

〈字宇座〉

①スヌメー殿内　②アガリガー　③石グムイ　④神アサギ　⑤ナービナクー
⑥イリガー　⑦イキガガー　⑧ワランジャガー　⑨松田ガー　⑩東ヌ神屋
⑪西ヌ神屋

〈字高志保〉

①根屋　②高志保神屋　③女神　④前ヌ井戸　⑤根神　⑥白水井戸

【五回目】一九九〇年七月八日

〈字長浜〉

①長浜大殿内（国番）　②長浜大殿内（村番、根屋）③長浜大殿内（与久田、屋内、屋外）
④村火の神、井戸（公民館敷地内）　⑤井戸、村御嶽（ゲートボール場）
⑥井戸（ミーガチ小前）

〈字瀬名波〉

①瀬名波泉　②龍宮神（海に向かって）　③女神（西の岩場）　④鏡水御嶽

〈字渡慶次〉

①アサギ（神グサイ）　②地頭火の神　③村御嶽　④渡ケ次フルー（根屋）

〈字儀間〉

①前宇座（根屋）　②村御嶽　③村番の神　④大井戸の神

四、首里十二ケ所拝み

【六回目】一九九〇年七月三十一日

①自宅火の神　②勇一山内火の神・仏前　③喜名観音堂　④普天間宮

⑤首里観音堂（子、丑、寅、午）　⑥万松院（卯、辰、巳）　⑦安国寺（酉）

⑧達磨寺（戌、亥）　⑨盛光寺（未、申）

・御待ち願いの霊拝みを実施したら、その後からは朝の目覚めも良くなった。体の調子も良くなり、仕事への出勤も特別に気にすることもなく普通にできるようになった。お陰で職場の仲間と共に定年まで何事もなく勤続できた。

⑵ 御恩上げの拝み

仕事も定年まで勤め上げ、子供達も成長した。一九九〇年に神様に霊拝みの御待ち願いの時に交わした約束を果たして下さったお礼として二〇〇〇年〜二〇〇一年に六日間かけて、子供の協力を得ながら、自分自身で「御恩上げの拝み」を実施した。

御待ち拝みの時に、拝みの文言の要旨はメモしてあった。母や叔父、伯母から「霊能者を頼んでやる十分より、自分でやる五分のほうが勝る」と教えられていたので、私はその言葉を信じ自分一人で御恩上げの拝みを行った。

拝みが終了したので、以前から世話になっていた自分が信頼している三名の霊能者の所に結果の首尾を習いに行った。三名の霊能者の方達は、口を揃えて「前回一九九〇年に霊拝みの御待ち願いした時の約束はそれだけだったのか」と問い返してこられた。更に、「君が約束を守らなかったら君の子供に霊下りさせるけどそれでも良いか」と念を押された。

私は参りましたと観念した。前回の拝みの時に「定年後は必ず霊の拝みをしますから、その時まで待っていて下さい」とお願いしていたからである。自分の神から与えられた宿命を、自分の怠慢で子供に霊下りさせるのは卑怯すぎる。まして、自分が大きな心の負担に感じていた事を、自分の子供にさせるなんて理不尽である。私は神様の存在を確信し、その約束を果たすことを決心した。

第二章　霊拝みの拝所

(1) 霊拝みを始める

民間信仰の基本的な習慣

私は本格的に霊の拝みを実施することにした。その為には沖縄の民間信仰の基本的な習慣を知っていなければならない。沖縄の民間信仰行事は、太陰暦（旧暦）に従って行われる。一日、十五日に仏前へお茶を供えること。また月々の節句の先祖供養の行事。三月の清明祭行事。七月の盂蘭盆の先祖供養等々、節句の行事も、正月以外は全て旧暦日付で行われる。

霊拝みもまた旧暦に従う。この場合、霊拝みが禁じられている日付がある。一日、十五日、自分の干支の日（私の場合は寅の日）である。お墓を拝む時は暦の友引の日もいけない日である。前記の理由から、これからの霊拝みの日付は全部旧暦の日付に統一する。

霊拝みをするときは、出発する前に必ずその日の拝みの目的と拝所を自宅の火の神に告げ、終了して帰宅後その一日の結果を火の神に報告して終了する。このことは、毎回繰り返しになるので以後は記入しない。

霊拝みの出発点

ところで、私の信頼する霊能者（ユタ）三名の方達が口をそろえて言うには、私の霊の拝みの出発点は必ず「ムンヌカー」から始めなさいという条件であった。

自分たちの榻姓門中では、九月十五日に御嶽の拝みと言う門中行事がある。読谷村内の三十一ケ所の拝所を拝むのだが、その拝所のなかの一つが「ムンヌカー」という拝所である。残波岬の崖下にあって、大潮の干潮時にしか行けない場所である。

私も門中行事には参加するが、現場まで行ったことは一度もない。いつも瀬名波ガーのそばでその井戸の方向に向かって通し拝みで済ませていた。だから、私たちの世代のほとんどの門中の人たちがその現場を知らない。私は字の漁師の長老たちを訪れ、尋ね歩いてやっと教えてもらった。そこへの道は雑草が生い茂り歩きにくかった。霊能者（ユタ）の方が歩きやすいように、私は一日がかりで雑草を刈り取って通路を作り、霊拝みを始めた。

一、首里観音堂／読谷村拝み

【一回目】二〇〇二・壬午年八月六日

①首里観音堂　②字座喜味城ガー　③喜名観音堂

私は最初、ある霊能者の方に頼んで霊拝みを始めた。私は「ムンヌカー」から始めて欲しいとお願いしたが、彼女流に安里八幡宮から拝むことで始め、私の注文通りには実施してくれなかった。私は仕方なく彼女に従って霊拝みを始めた。

しかし、私はその日なんでもない場所で自動車の接触事故を起こした。また何となく気分もすぐれなかった。気になって自分が信頼している霊能者三名の所に習いに行った。すると三名ともに口をそろえて、「その人は今が世の十二代までの先祖のことについての拝みが専門の霊能者で、中持ちの霊を持った人ではない。中持ちの霊を持った霊能者を捜して、その人に先導されて歩みなさい」と忠告された。中持ちの霊というのは先祖や神様と依頼者の間を取り持つ霊の事である。

私はその忠告に従い、二回目からは本当の中持ちの霊を持った別の霊能者Oさんにお願いして再出発した。

【二回目】二〇〇二（午）年八月十二日
①瀬名波ノロ殿内　②瀬名波根屋　③ムンヌカー　④天孫子御嶽クサイ龍宮神
⑤天孫子御嶽　⑥按司墓　⑦瀬名波ガー　⑧宇加地龍宮神　⑨西崎原龍宮神
⑩スーフチガマ　⑪恵比寿龍宮男神　⑫ハマグワー（男神、女神）　⑬東ヌ神屋

今度の中持ちOさんは最初からグイスも教えてくれて、私に全部唱えさせてくれる。間違えたときは訂正してくれる。拝みの為の帳簿も、全部私自身に準備させる。単純作業なので飽きるので、拝み一日分の帳簿を準備するのに三週間程度の時間が欲しくなる。それほど手間暇のかかる作業である。帳簿については、口絵に詳しく紹介した。

終わりに〆のグイス

まるち二十四香《コウ》ぬ香分《コウブン》し、くぬ生《ウマ》まりんぐわぬ霊《チジ》ぬ神《カミ》ぬ花《ハナ》ん咲《サ》かちきみそうち、
いちみ寅《トラ》ぬ男《ウトク》んかぃん喜《ユルク》びと御《ウ》手《テ》本《ホン》ぬんうたびみそうち、
寅ぬ男ぬ生まり霊ぬ花ん咲かちうたびみそうり。

【三回目】二〇〇二（午）年八月二十六日

①西山内　②山内

〈字座喜味（読谷山間切卯ヌ方番）〉

③座喜味ノ口殿内　④村番根屋　⑤国番根屋　⑥ダチンガー　⑦村火神

⑧上城ガー　⑨城ガー　⑩エーガー　⑪座喜味城門番の神　⑫城の火の神

⑬ウッチンガー　⑭高山城（国番）

〈字上地〉

⑮上地根屋　⑯上地村ガー　⑰中軸番

【四回目】二〇〇二年九月五日

〈読谷山間切〉

①午ヌ方ヌ御嶽　②酉ヌ方ー世龍宮　③世龍宮クサイ徳武佐宮　④十三代女先祖墓地

⑤七代男先祖墓地　⑥長浜山内　⑦首里・与世田殿内拝所

※読谷山間切拝みを終えての神様からのお告げ

宇加地龍宮母神より（中持ちと神様との交信）

「私の霊親は自分より十三代目の女先祖である。」

※エーガーの神様のお告げ

「読谷山間切を終えて次の場所に行く時は七色の橋、白色の橋を持参して行くように。」

「私の七代目男先祖はこの井戸の水を産湯に使った。」

※ウッチンガーの神様のお告げ

「私の兄達、長男、二男、三男の三名の水子供養を、今日この井戸でやって帰りなさい。」

二、伊是名島拝み

【五回目】二〇〇二年十月十二日～十三日

十月十二日

①天孫子伊是名殿内　②尚円王生誕屋敷火の神　③潮平井戸　④尚円王フスミ井戸

⑤龍宮神　⑥龍宮グサイ火の神　⑦銘刈殿内　⑧伊是名ノロ殿内　⑨観音堂

⑩龍宮神（観音堂右十メートル）

十月十三日

⑪西銘刈殿内　⑫母神ガマクサイ井戸神

⑬母神ガマ（ビジュル神、空気神、龍宮神、母神、火の神、骨神グサイ）

⑭海ギタラ　⑮アギギタラ　⑯アカラ御嶽（七福神番、天照番、天下り軸番）

⑰下り神島（軸番、龍宮神、井戸神）通し拝み

残した場所

①城の井戸　②城火の神、　③玉御殿　④ノロ墓

※「伊是名ノロ殿内の三つある香炉の真ん中に私の霊親十九代先祖女神が祀られている。」

三、首里四チン拝み

【六回目】二〇〇二（午）年十一月十三日

〈子ヌ方番〉

①火の神　②荒神御嶽クサイ井戸神　③荒神御嶽　④子ヌ方ぬ御水

⑤末吉宮　⑥子ヌ方ヌ御嶽　⑦（火ヌ神・子ヌ方の神）

〈卯ヌ方番〉

①弁ケ嶽クサイ井戸神　②神井戸　③豊年満作の番　④弁ケ嶽火の神　⑤天下り軸番

【七回目】二〇〇二（午）年十一月二十日

〈午ヌ方番〉

①繁多川殿内　②井戸神　③繁多川御嶽　④識名宮クサイ井戸神　⑤識名宮母神ガマ

⑥シーマヌ御嶽　⑦四チン嶽　⑧（母神ガマ・一三仏の御仏の番）

〈酉ヌ方番〉

泊ヘイリン（龍宮神・母神・火の神・井戸神・七福神番・竜神番）

※中持ちへの神様のお告げ

「次の場所に行く前に、父親と甥の供養願をしてからいきなさい。」

四、首里中四チン中軸番（首里城）

【八回目】二〇〇三（午）年十二年二十三日

①玉御殿　②園比屋武御嶽　③弁財天　④円覚寺クサイ井戸神　⑤円覚寺

⑥寒川桶井戸　⑦龍飛泉　⑧首里森御嶽（軸番）

〈聞得大君の番〉

①真壁殿内　②屋敷内の井戸

③チフジン屋敷内（火の神・母神ガマ・御嶽火の神・七世の御嶽）

五、虚空像菩薩様御仕立て

【九回目】二〇〇三（癸未）年二月十八日

六、虚空像菩薩様御披露

【十回目】二〇〇三（癸未）年三月三日

琉球五観音堂への御披露

①久志観音堂　②金武観音堂　③嘉手刈観音堂　④喜名観音堂　⑤奥武観音堂

※首里観音堂、屋部観音堂、天久観音堂、普天間権現寺は霊能者によって解釈が違うので私もわからない。

【十一回目】二〇〇三（癸未）年三月二十三日
琉球八社への御披露
①金武宮　②沖宮　③波上宮　④安里八幡宮　⑤天久宮　⑥末吉宮
⑦識名宮　⑧普天間宮

七、首里中四チン拝み

【十二回目】二〇〇三年六月十六日
〈子ヌ方〉
①西森の御嶽（儀保交差点より西原向け百米左側）
〈卯ヌ方〉
①トラジュ森御嶽（世界救世教拝殿西側の丘）
〈午ヌ方〉
①崎山御嶽クサイ井戸神　②崎山御嶽　③金城御嶽（男神、女神）

〈西ヌ方〉
①佐久ヌ井戸（松島中学校南側くぼ地）
〈中軸番〉
①安谷川御嶽クサイ井戸神　②安谷川御嶽（元博物館北側）
③当蔵母神ガマ（火の神・蔵ヌ番・母神番）
※蔵ヌ番で十三代母神より御神酒（ウミキ）で額に三回ウミキナリを受けた。

八、今帰仁城番の拝み

【十三回】二〇〇三（癸未）年七月六日
①今帰仁ノロ殿内　②親川　③トモノカネーノロ殿内
④オレーノロ殿内　⑤今帰仁火の神　⑥志慶真ノロ殿内
〈今帰仁城内〉
①御先井戸　②カラウカー　③城火の神　④テンチジアマチジ御嶽

⑤ソイツギの御嶽
〈湧川部落〉
①新里屋　②天太子殿内（中山、北山、南山、天太子）
※城火の神のお告げ
「今日中に湧川部落新里屋の仏前まで来るように」との要求ありとの指示を受ける。
その指示どおり新里屋まで行く。

【十四回】二〇〇三（未）年七月二十五日
〈ブトチヌウイベ母神ガマ〉
①十三仏の番　②母神番　③火の神番　④男神・女神（骨神グサイ天孫子世の方）
⑤ビジュル神番
〈今帰仁クボウ御嶽〉
①アマツユノ井戸番　②火の神番　③イビ御嶽の番
④天下り軸番　⑤開山大主への御恩上げ

※天下り軸番の神様より霊の番の水晶玉をいただく。

【十五回】二〇〇三（癸未）年八月十六日

〈今帰仁番の霊拝み〉

①ワルミ権現クサイの井戸神　②ワルミ権現（母神、ビジュル神、十三仏の番）

〈玉城村（たもうしむら）〉

③岸本殿内　④古たもうし（火の神番、御先世火の神ノロ殿内先祖）・たもうし（ノロ殿内先祖）⑤イビ御嶽　⑥シカ御井戸（神井戸）⑦崎山龍宮母神番　⑧越地（川神、インチ・インヨウの番）⑨テイラガマ（十三仏の番、母神番、火の神番）

※⑦の龍宮母神のお告げ

「今日中にテイラガマまで行きなさい。また、門中の事も頑張れ。」

※テイラガマの神様のお告げ

「十九代ノロ霊親が供養に来たこと、涙を流して喜んでおられる。」

【十六回】二〇〇三年八月二十九日　今帰仁スムチナ御嶽の拝み
　ザイリュウ権現（クボウ御嶽クサイのガマ）〉
①右より・龍宮神・龍宮城母神・竜神・軸番・御先龍宮
②スムチナ御嶽クサイ井戸神
③スムチナ御嶽
　右より学問世の神様・カニマン番・天　下り軸番　はなれて・五穀豊　穣の番
④棚原御嶽
※ザイリュウ権現の母神のお告げ
「君は若い時からの手の震えは、自分が左利きだからだと思っているが本当の理由は霊の拝みが遅れているからである。直してあげるから急ぎなさい。また、子供たちが三名とも大学まで行けたのも霊親の守護の御蔭である。感謝の気持ちを忘れずに。手の震えも直してあげるから御神酒で両手を清めなさい。」
※天下り軸番の神様のお告げ
「今日中に玉城村の棚原御嶽までは行くように」

※棚原御嶽の神様のお告げ
「寅の男の守護神様は、御天長老様である。」

九、寅ヌ方番（宮城島字池味）の拝み―自分の干支

【十七回】二〇〇三年九月二十二日
①上原ノロ殿内　②ヤンガー（産井戸）　③イークンヤー（根屋）　④根屋クサイ井戸
⑤伊計島大泊の井戸神　⑥鹿の洞窟（母神、火の神）　⑦アムジューヌ母神ガマ（右より・火の神番・天照番・天下り番・風・空気神番・母神番・龍宮神番・七世の番・十三仏の番
後方に・骨神ギサイ先祖の墓　中腹に・母神番・七福神番　奥のほうに・井戸神）　⑧インナ泉　⑨伊計島リゾートホテル内権現番
※火の神様より
「遅れている、国番子ヌ方の神様が待ちかねている。肩凝りは国ユチンの神様からの知らせである。」

※奥の井戸神様より
「グイスもちゃんと出来ている。来年からは勇気を出して自分一人で拝むように努力しなさい。」
※産井戸の神様より
「妹の供養願をしてから次の場所へ移りなさい。」

⑵ 国四チン番の拝み

神様に添える帳簿
中持ちの神様より「ここからは神様が古い時代まで登り、自然番の大きい神様である。よって次の帳簿を添えなさい」と指示があり、ここからはそれぞれの帳簿を自分で準備することとなった。
添える帳簿は三種類であり、それぞれの神様によってどれを準備をするかが決まっている。以後、それぞれの拝所で準備すべきセットを記載した。

Aセット（A）　自然番の神前で供える御嶽帳
御嶽帳は、習字紙五枚、七枚、九枚を各二つ折りにして重ねて一組とする。

Bセット（B）　権現番（ガマ）の神前で供える七世の帳簿
七世の帳簿は、習字紙七枚二つ折りにして、七部重ねて一組とする。

Cセット（C）　自然番の各神前で供える三十六帳簿
三十六帳簿は、習字紙三十六枚二つ折りにして、三部重ねて一組とする。

一、子ヌ方番ー国頭村辺戸拝み

【十八回】二〇〇三（未）年十一月四日

〈国四チン番〉

①宜名真神社　②恵比寿大明神（A）　③地頭火の神（A）　④乙姫龍宮（A）

⑤子ヌ方火の神（A）⑥井戸神村番 ⑦龍宮すく神番（A）⑧竜神番（A）
⑨佐久間殿内 ⑩ノロ殿内 ⑪天孫子屋 ⑫ヌール川（A）⑬ウミナイビ御嶽（A）
⑭辺戸岬龍宮神（A） 辺戸岬竜神番（A）

※龍宮すく神のお告げ
十九代ノロ神が出てこられて、「寅の男は本当のチジ（霊）を持っているから頑張りなさい」と励まして下さる。

【十九回】二〇〇三（未）年十二月三日
①宇佐浜龍宮神（A・C）②宇佐浜インチ、インヨウ番・ハスイ番（A・C）
③黄金森クサイカー神（A・C）④ 黄金ガマ（A・B・C）⑤銀森（A・B・C）
⑥銀森：カニマン番・天下り軸番（A・C）⑦金森：御天十二支の番（A・C）
※御天十二支の番で御星玉を頂く。額と頭頂を各三回ずつ御神酒で清めてもらう。

【二十回】二〇〇三年・未年十二月十八日

〈安須森〉

①母神ガマ（A・B・C）　②天孫子降臨天下り軸番・ビジュル神（A・C）

③川神（A・C）　④天下り軸番（A・C）　⑤辺戸大主屋敷火の神

⑥辺戸大主骨神グサイ　⑦義本王の墓御恩上げ

※母神様のお告げ

十三代霊親女神が出て来られて、「来年からは十三代女神が案内してあげるから、寅の男一人で頑張るようにしなさい。」

一人で霊拝みを行なう

第二十回目の二〇〇三年十二月十八日、国四チン・子ヌ番辺土の安須森の御嶽の母神ガマの拝所で私の十三代霊親女神がでてこられて、「来年からは、十三代女神が案内してあげるから寅の男一人で霊拝みは頑張るようにしなさい。霊親がついているから何も怖がる事はない」との指示を中持ちの霊能者を通して伝えられる。

拝みを終えて帰りの車の中で中持ちの霊能者に、自分はまだ未熟なので後しばらく同伴してくれとお願いすると、そんなことをすると彼女自身が体が重くなるからとあっさり断られる。

しかし、拝所が分からない。私は中持ちの霊能者に頼んで一日に五十から六十ケ所の拝所を案内してもらい、その概略図をノートに図示した。それをだいたい四回に分けて霊拝みをすることにした。そして霊拝みをする四、五日程前に、再度次回の拝みをする拝所を確認するという方法で実施することにした。

所々自分一人ではどうにもならない時は、彼女に同伴をお願いして継続して行った。

二、卯ヌ方番―与那城村比嘉島拝み

【二十一回】二〇〇四年（甲申）年二月八日
①比嘉ノロ殿内　②御先ノロ先祖　③根屋　④村火の神
⑤龍宮母神ガマクサイ浜井戸（A・C）　⑥母神ガマ火の神（A・B・C）

⑦龍宮母神番・一三仏の番（A・B・C）　⑧天体子クサイの骨神番
⑨ノロ神の墓　⑩井戸神（A・C）　⑪金満御嶽クサイの井戸神（A・C）
⑫天下り軸番金満御嶽（A・C）　⑬卯ヌ方龍宮神（A・C）
⑭龍宮神クサイ井戸神（A・C）　⑮ノーロ井戸（A）　⑯　竜神番（A・C）

【二十二回】二〇〇四（甲申）年二月十四日
①シルミチユ、アマミチユ母神ガマクサイ井戸神（A・C）
②シルミチユ、アマミチユ母神ガマ（A・B・C）
　井戸神、男神、一〇八の母神、ビジュル神

【二十三回】二〇〇四（甲申）年二月十六日
①一〇八の母神ガマの番（くわなしガマ）（A・B・C）
　フスミ番、火の神、女神番、七福神番、七世の番、空気神番、十三仏の番
②寅ヌ方天下り軸番男神番（A・C）（比嘉島）

③卯ヌ方天下り軸番女神番（A・C）④アマミチユ、シルミチユのお墓御恩上げ
⑤根屋（屋慶名）⑥産井戸（屋部地）（A・C）
⑦御天母神番（天下り番）・風・空気神番（A・C）

【二十四回】二〇〇四（甲申）年二月二十日

〈屋部地島の拝み〉

①ジャネーガマ・門番の神（A・B・C）・火の神（A・B・C）・井戸神（A・B・C）
・風、空気神番（A・B・C）
②カイクン御嶽クサイ夫婦井戸の神（A・C）③カイクン御嶽（A・C）

〈あかみんじょう神屋敷〉

①井戸神（御天・みか月・星の番と当てられている。）（A・C）
②龍宮母神・ビジュル神（A・C）③御嶽軸番（A・C）④あかみんじょう墓御恩上げ

〈屋慶名港南龍宮母神ガマ〉

①龍宮神番（A・B・C）

※ジヤネーガマで

私がガマの奥の井戸を拝んで帰ろうとすると、他人の中持ちとしてガマの中腹で拝みをしていた霊能者の方に呼び止められた。その女の人は、「自分が呼んだのではないよ、この神様が貴方を呼び止めているんですよ。神様が今日でなくていいから、君にとって天願部落にある馬の石像のある屋敷と、伊計島の城は大切な場所だから、後日必ず拝みに行きなさいと言っておられる。ここの神様のお告げを伝えましたよ」と告げられた。自然の神様を認識したひと時でもあった。

※あかみんじょう神屋敷の井戸神

この神様の前で頭がひどく痛んだ。私は「気づいています。後日霊能者の所に習いに行きますから」と告げたら頭の痛みは治って、拝みをさせてもらった。

三、午ヌ方番―具志頭村大度拝み

【二十五回】二〇〇四（甲申）年三月十四日

①国番の根屋　②城の火の神（A・C）　③城の神（A・C）　④泉神（A・C）
⑤インチ、インヨウの番（A・C）　⑥母神ガマ　母神番・龍宮神・御嶽グサイ（A・B・C）

【二十六回】二〇〇四年（甲申）年三月十七日
①母神ガマ内：女神（右）・男神（左）　②泉神（A・C）
③インチ、インヨウの番（A・C）
④天下り軸番の座群（A・B・C）ウモウシ三枚
右より・天下り軸番・母神ガマ通し番・火の神番・龍宮神・南十字星の番

四、酉ヌ方番―豊見城市瀬長島拝み

【二十七回】二〇〇四（甲申）年三月二〇日
①瀬長森の火の神（A・C）　②知念井戸（A・C）　③波平玉井戸（A・C）
④うちち御井戸（A・C）　⑤龍宮神（A・C）　⑥按司井戸（A・C）　⑦金満御嶽（A・C）

【二十八回】二〇〇四（甲申）年三月十日

①母神ガマクサイ井戸神（A・B・C）　母神ガマ（A・B・C）
　右より・ビジュル神・母神番・風、空気神番

②左端　骨神クサイ御恩上げ

③右より　天下り軸番・火の神番（A・C）ウモウシ二枚

五、中軸番―宜野湾市普天間飛竜山拝み（米軍施設内）

【二十九回】二〇〇四年三月二十四日

①普天間権現クサイ井戸神（A・C）　②　普天間権現（A・C）

③飛竜山クサイ井戸神（A・C）

④飛竜山　右より・天下り軸番・飛竜神の番・火の神番（A・C）

中軸番は、普天間宮後方の米軍基地内の赤白の螺旋模様に塗られた鉄塔の神宮寄りの角の所の飛竜山と言う丘の頂上にある。クサイの井戸はリージョンクラブの駐車場の崖下の土手にある。そこに行くには、安谷屋部落内の路地を通って普天間川の所まで乗用車で行って、そこからは徒歩である。川に沿って、橋下をくぐり、基地の囲いの金網を超えて約五十~百メートルの所にある。目印はないが、水が流れ落ちているので何とかわかる。足場も悪く大変な場所である。

⑶卯ヌ方四間切番拝み

一、玉城村（現南城市）

【三十回】二〇〇四（甲申）年三月二十七日

〈玉城村〉

①玉城赤嶺ノロ殿内　②玉城ノロ殿内　③根屋（国グサイ）

〈百名村〉
④天孫子屋（大城）　⑤大前の屯　⑥百名根屋　⑦ポンシタリ（A・C）
⑧仲村渠根屋（ミントン）　⑨仲村渠桶川（A・C）
⑩伊平屋川　⑪右よりイビ御嶽クサイ　井戸神・イビ御嶽（A・C）

【三十一回】二〇〇四（甲申）年五月八日
①ノロ川（A・C）　②御先みふう田（A・C）　③御先みふう田クサイ龍宮神（A・C）
④受水（A・C）　⑤走水（A・C）　⑥やはら司（A・C）　⑦塩花司（A・C）
⑧浜井戸御嶽クサイ井戸神（A・C）　⑨浜井戸御嶽（A・C）　⑩美生の御嶽（A・C）
⑪御先世の先祖御恩上げ　⑫やぶさつの御嶽（A・C）

【三十二回】二〇〇四年五月十三日
①ミントン城クサイ井戸神（A・C）
〈ミントン城内〉

②右：アマミチユ、左：シルミチユの二基の墓への御恩上げ
③久高島の井戸、御嶽、龍宮神への通し番（Ａ・Ｃ）
④城火の神（Ａ・Ｃ）⑤百名大主の墓御恩上げ
⑥ニライ・カナイの神様への遥拝所（Ａ・Ｃ）
⑦アマミチユ、シルミチユの子孫先祖の墓への御恩上げ
〈火の神屋敷〉
⑧国グサイ・村グサイの火の神（Ａ・Ｃ）
〈玉城グスク場内〉
⑨夫婦井戸ニケ所同時に拝む（Ａ・Ｃ）
⑩玉城グスク城火の神（Ａ・Ｃ）⑪井戸神（Ａ・Ｃ）
⑫左側：玉城根屋先祖の墓　神グサイ御恩上げ
⑬右側：天孫子屋先祖の墓　神グサイ御恩上げ
⑭天つぎあまつぎの御嶽（天下り軸番）（Ａ・Ｃ）ウモウシ二枚

二、知念村（現南城市）

【三十三回】二〇〇四年五月二十九日

①安座間殿内　②水の神（A・C）　③国番安座間龍宮神（A・C）

④知名御井戸（A・C）　⑤テダ御井戸・カーミー龍宮神（A・C）

⑥知念城クサイ龍宮神（A・C）　⑦知念御井戸（A・C）

⑧城火の神（A・C）　⑨有利の御嶽（久高島への遥拝所）（A・C）

【三十四回】二〇〇四年六月九日

〈斎場御嶽〉

①ウローカー男神（A・C）　②泉神（A・C）　③大庫理（A・C）

④貴婦人休み所（A・C）　⑤三庫理（A・C）　⑥チヨウヌハナ（A・C）

⑦久高島への遥拝所（A・C）　⑧天下り軸番（A・C）、ウモウシ二枚　⑨寄満（A・C）

三、ワンダー城

【三十五回】二〇〇四年六月二十九日（中持ちと同伴）

〈与那原町〉

①御殿山（A・C）　②　親井戸（A・C）

〈ワンダー城（斎場御嶽御先世番）〉

③ワンダー城クサイの井戸神（A・C）　④ワンダー城火の神（A・C）

⑤ワンダー城ビジュル母神番（A・C）　⑥通し火の神（A・C：帳簿一巻）

右：伊是名・伊平屋島へ　左：北山・今帰仁番へ

⑦ワンダー城天下り軸番（A・C）ウモウシ二枚

⑧上三代女神骨神グサイ御恩上げ（軸番の隣）

⑨サイ八神御恩上げ　右：アンルヌメーウミキ神　左：ウチチヌメーウミナイ神

※城クサイの井戸神のお告げ

神様の前で頭が痛くなり神様に尋ねたら、次のように答えられた。

「これまでの霊親十三代、十九代女神の他にも霊親がおられる。もっと頑張りなさい。」
※天下り軸番の神：私に鏡を下さる。

四、佐敷村（現南城市）

【三十六回】二〇〇四年八月十一日

〈字佐敷〉
①佐敷ノロ殿内　②内原の殿（A）　③城火の神（A）
④月城の宮（A）：佐敷世の主・国の主・佐銘川大主
⑤イビ御嶽（上グスクの御嶽）（A）

〈佐銘川御嶽〉
⑥嶽火の神（A）　⑦下の馬天御井戸（A）　⑧上の馬天御井戸（A）
⑨馬天御嶽（A）　⑩伊平屋神（A）　⑪イビ御嶽（A）　⑫御天軸（A）

【三十七回】二〇〇四年八月十七日

〈字新里〉

①ノロ殿内　②根屋　③村火の神（A）　④湧川の神（A）　⑤滝川の川神（A・C）

⑥男神、ウシジン：女神、テージン御恩上げ　⑦アマミク、シルミク御恩上げ

⑧川神（A・C）　⑨骨神グサイ御恩上げ　⑩土帝君（A・C）

【三十八回】二〇〇四（甲申）年八月二十日

①馬天龍宮神（A・C）　②天地城クサイ井戸神（A・C）

③天地城母神ガマ（A・B・C）

　右より・母神番・九九火の神番・竜神の番（以上香炉）

　七世の番・風、空気神番・龍宮神番・人間の四十九の骨神番

次は骨神：神一代男神　神二代女神　神四代男神、

④天地城天下り軸番（A・B・C）、ウモウシ三枚

グイスの結び（天地城天下り軸番のみ）
国四チン、中軸番まりん歩みかきてちゃーびたん。
子ヌ方や国頭辺土ぬ神番と午ヌ方や糸満大度ぬ神番とのかなみんかきらちうた
びみそうち、卯ヌ方や比嘉島ぬ神番と酉ヌ方や瀬長島ぬ神番とのかなみんかか
きらちうたびみそうり。

五、大里村（現南城市）

【三十九回】二〇〇四年九月二十二日
〈大里村〉
①舜天王様の母親の仏前　②久高井戸　③さあす御井戸　④大瀬山の神様
⑤下のギルムイの御嶽　⑥下のノロ井戸・上のノロ井戸（A・C）
⑦国グサイぬ御天世の井戸（A・C）⑧上のギルムイの大里天孫子骨神グサイ御恩上げ
⑨上のギルムイの天孫子骨神グサイ御恩上げ（奥の方）

⑩上のギルムイの天孫子御獄（A・C）⑪御天長老の番（南無観世音菩薩様）（A・C）
⑫舜天王様の母親の墓への御恩上げ

※国グサイ御天世の井戸神のお告げ
「天孫子降臨世の番から合図が来ているから拝みなさい。」
※舜天王の母親のお告げ
「浦添間切の番から合図が居ているから拝みに行きなさい。」

【四十回】二〇〇四（甲申）年九月二十七日
①西原大屋　②大里城クサイぬ根神屋、ノロ殿内　③大世御井戸（A・C）
④世の神屋　⑤大里城クサイのチチン井戸（A）　⑥大里城門番の神様（一巻）
⑦大里城火の神様（A）　⑧骨神グサイ大里按司の前の墓御恩上げ
⑨奥間ハンジャガナシー墓前御恩上げ　⑩ビジュル母神番（A・B・C）
⑪大里城クサイ井戸神（A）

【四十一回】二〇〇四年十月二日
①金満御嶽（A・C）②イビの御前（アギ龍宮）（A・C）
③寺（テイラ）ガマ（A・B・C）
火の神番　ぐじょう母神番　十三仏の御仏の番
④第一天照母神番（A・B・C）
母神番・天照番（太陽）・子宮の番・竜神番・井戸神番・耳、脳みその番
骨神グサイウミナイ、ウミキ神への御恩上げ

⑷その他の地域

一、浦添市
【四十二回】二〇〇五（甲申）年十二月十二日
〈字仲間〉

①仲間ノロ殿内拝殿　②ノロ殿内先祖　③字仲間根屋　④村火の神（A）
⑤仲間桶川（A）⑥仲間ンテラ（権現番）（A・B・C）母神番・火の神番・一三仏の番
⑦クバサーヌ御嶽（A・C）

〈浦添城跡〉

⑧ビジュル神番（A・C）⑨御先世井戸（A・C）⑩カラウカー（A・C）
⑪カガンウカー（A・C）⑫城火の神（A）⑬浦添王子遺跡（A）

【四十三回】二〇〇五（甲申）年十二月十九日

〈字伊祖〉

①西原家（ノロ殿内、根屋）②チチンガー（御先泉）（A・C）

〈伊祖城跡内〉

③伊祖城クサイの井戸神　④英祖の宮　⑤牧港チガノのガマ
（A・B・C）左より・母神番・火の神番・十三仏の番・竜神番・龍宮神番

二、読谷村

【四十四回】二〇〇五（乙酉）年三月九日

①カーヌ毛（泡瀬）

〈字宇座残波岬〉

①龍宮神　②龍宮母神・③イビ龍宮　④ハマ小権現番（男神・女神）⑤　火の神番

【四十五回】二〇〇五（乙酉）年五月三日（中持ちも同伴）

〈字安谷屋〉

①安谷屋ノロ殿内（棚原家）②安谷屋根屋（金城家）③安谷屋国グサイ根屋（島袋家）

④大桶川　⑤安谷屋城跡　⑤根所火の神番（城入り口）⑥上の井戸　⑦上の御獄

⑧下の御獄　⑨城七殿

〈字仲順〉

⑩花崎家（村グサイ、国グサイ根屋）⑪御宮（舜天王・舜馬順王・義本王・仲順大主）

⑫仲順大井戸

※上の井戸の神のお告げ

十三代男神が出て来られ、「自分が勤めていた城だから水の御恩、勤めの御恩も上げてくれ。また、小録の鏡水の新垣門中との関係も以前のように戻すようにしてくれ。」

※仲順大井戸の神様より

十三代男神から再度前記のような頼みがあった。

【四十六回】二〇〇五（酉）年五月二十三日（中持ちを同伴）

〈字仲順〉

①上門井戸　②ナスの御嶽（舜天王・舜馬順き王・義本王）

〈字渡口〉

③渡口ノ口殿内　④渡口根屋　⑤テイダ御井戸　⑥テイダガマクサイ井戸

⑦テイダガマ（火の神番　母神番　十三仏の御仏の番）⑧上の御嶽（火の神番）

※ナスの御嶽の先祖のお告げ（舜天王一族の御墓）

「十三代両親と十二代長男の親子のつなぎ御願を宇座、鏡水の井戸、御嶽の神前で昌勝自身のビンシーでつなぎをかけなさい。宇座の門中の拝殿の香炉は今は動かせない。」

※上の御嶽のお告げ

「十三代男神は昌勝のウミチキの霊親の御先祖様で、霊親は二十七代〜二十八代先祖男神である。何所に祀られているかはおしえない。霊親は男女居られることもある。」

三、伊計城跡

【四十七回】二〇〇五（乙酉）年六月十四日

〈伊計城跡〉

①ノロ殿内　②根屋（金城家）　③インナガー（産泉）　④城の殿（火の神番）

⑤城の軸番

※根屋上代の神様のお告げ

「根屋の一番右側の上代に祀られている御先祖様が私の二十七代～二十八代の霊親男神であられる。」

四、安慶名城跡

【四十八回】二〇〇五（酉）年六月二十二日

〈安慶名城跡〉

①安慶名ノロ殿内　②安慶名根屋（ウンナクブ）　③ノロ殿内　④地頭火の神

⑤城クサイ安慶名井戸（産井戸）　⑥城火の神　⑦安慶名城鎮守の神（奥入り口近く）

⑧安慶名城鎮守の（城の入り口近く）

五、久高島

【四十九回】二〇〇五（酉）年九月四～五日

九月四日
①外間ノロ殿内　②久高ノロ殿内　③大里殿内（根屋）　④外間拝殿
⑤御嶽火の神（A・C）⑥大石井戸（古井戸）（A・C）⑦アーマ権現（A・C）
⑧ガベール龍宮神（A・C）

九月五日
①天龍ガマ（A・B・C）②ヤグル井戸（A・C）③イシキ浜（A・C）
④天露久命神（A・C）⑤天龍ガマクサイの井戸（A・C）みるく神・母神番・龍宮
※御嶽火の神の神様よりスニン御帳簿をいただく。（判断帳簿）

六、伊江島

【五十回】二〇〇五年十月二～三日
十月二日

①村アサギ　②マーガー（A）　③湧出（A・C）　④インチインヨウの番（A・C）
⑤天照寺　⑥権現堂（A・B・C）　母神番・一三仏の番
⑦ニヤテイヤガマ（A・B・C）　火の神・母神・龍宮神・竜神
⑧城山クサイ井戸神一（A・B・C）　⑨城山クサイ井戸神二（A・C）
⑩御天軸の神・精霊の水の神（A・C）

十月三日

①城山の頂上　②天露雨露の神（中心部）（A・C）
③天下り軸番（東向き左側高所）（A・C）

七、伊平屋島

【五十一回】二〇〇五（乙酉）年十月二十七～二十八日

十月二十七日

①ノロ殿内　②根屋　③清水井戸（A・C）　④嶽火の神（A・C）　⑤龍宮神（A・C）

⑥クボウ御嶽クサイ井戸神（A・C）⑦クボウ御嶽（嶽火の神）（A・C）
⑧西のクマヤーガマ（A・C）・天下り軸番・母神番・龍宮神
⑨ウサガマ（A・B・C）一三仏の御仏の番・母神番・竜神番
⑩ンゾミズ（井戸神）（A・C）⑪ヤヘーヌ岩（A・C）龍宮神

十月二十八日

①東のクマヤーガマ（天の岩戸）（A・B・C）
天照番・天下り軸番・母神番・龍宮神・火の神番

八、クボウ御嶽

【五十二回】二〇〇五（乙酉）年十一月二十六日
①久高クボウ御嶽（斎場御嶽通し番より）（A・C）②知念クボウ御嶽（A・C）
③慶良間クボウ御嶽（A・C）④天久クボウ御嶽（A・C）

九、小禄鏡水

【五十三回】二〇〇六年二月二十六日

一三代夫妻先祖とその長男十二代の供養願の拝み

①鏡原新垣門中拝殿　②鏡水根屋

③鏡水御嶽公園（A）火の神・井戸の神・西ヌフンシ・東ヌフンシ

④ミーヌシン（国グサイ）火の神（A・C）・龍宮神（A・C）・ミーヌシン（A・C）

ミーヌシンでは霊拝みの帳簿で供養願と霊拝みを同時にやる。

十、滝の拝み

【五十四回】二〇〇六（丙戌）年三月二十一日

①比地大滝クサイの火の神（A・C）　②比地大滝クサイの井戸神（A・C）

③比地大滝クサイの御宮（A・C）　④比地大滝の滝壺へ（A・C）

⑤喜如嘉滝（七滝）（A・C）⑥轟きの滝（御先七御水）（A・C）

中持ちの霊能者の限界

五十四回目、拝所の三つの滝、比地大滝、喜如嘉の滝、轟の滝の拝みを終えた時、中持ちの霊能者の人は自分が出来るのはここまでだ。床神の掛け軸は神番だから自分の力では及ばない範囲であると言って、放り出されてしまった。その為に一年間の空白が出来た。その理由については次章で記す。

ただ、霊拝みの記録の流れを良くするために、五十五回目、五十六回目も連記しておくことにする。

十一、天願部落拝み

【五十五回】二〇〇七（丁亥）年十月十四日（中持ちも同伴）

①名嘉殿内抜きあげ　②天願部落ノ口殿内　③読谷山屋敷　④東り井戸（A・C）

⑤泉井戸（産井戸）（A・C）
〈天願御嶽（米軍施設内）〉
⑥地頭火の神（A・C）　⑦土帝君・中軸の番　⑧黄金森御嶽（A・C）
⑨天願御嶽一（A・C）　⑩天願御嶽二（A・C）

※読谷山屋敷の御先祖様より
「私の十三代先祖の男神は勤めで天願按司の世話になった。二人は友人同士で親しい間柄だった。二人とも喜んで居られる。」
※泉井戸のお告げ
「私の十三代御先祖は泉井戸の水を飲んだ。十三代先祖の御恩上げをした。井戸の神様が私の健康を守って下さると言われた。」
※天願御嶽の神様より
「宇座の門中の旗を作成して、拝殿の床神の前に行事のときは立てなさい。私の健康を守ることも約束して下さった。」

十二、松山御殿／兼城権現／部間権現

【五十六回】二〇〇八（戊子）年三月十日（中持ちも同伴）

〈琉球三権現番の霊拝み〉

①松山御殿の火の神様と御先祖様　②さしかさウカー（A・C）

〈南山兼城権現番の拝み〉

③兼城村の国グサイ、村グサイの根屋　④兼城権現クサイ井戸神（A・C）

⑤兼城権現番（A・B・C）　⑥兼城権現クサイ天下り軸番（A・C）

〈北山、部間権現番の拝み〉

⑦権現番クサイの龍宮神　⑧権現番クサイの井戸神（A・C）

⑨部間権現番（A・B・C）

御天十二支ぬ神様・世主ぬ神様・土地十二方

御天七神（ナナガミ）・国主ぬ神様・土地七神

アミダニヨライぬ神様・大主ぬ神・美女心母神（ブジククル）

※さしかさ御井戸の神様のお告げ
「昌勝のみちじ親は、昌勝より二十六～二十七代男神で、伊計島の根屋に祀られて居られる。察度王代に唐旅した事がある。読谷村字宇座のスヌメー殿内は御兵糧地で、王様から頂いたもので自分の所有だった。」

「二十六～二十七代のみちじ親の墓前で御恩上げをしなさい。」

「観音様は必ず虚空蔵菩薩様を神棚の右側に祀りなさい。霊玉、鏡は以前に祀ってあったものをそのまま使ってよい。」

「虚空蔵菩薩様を上げる前に首里の十二ケ所を回って、神様に詫びてから上げる。早い方がよい。」

第三章　補充の霊拝み

(1) 新しい導き手

中持ちOさんの限界

前述したように五十四回目（二〇〇六年三月二十一日）の霊拝みで、中持ちOさんといっしょに神様の世界の入り口である三つの滝、比地大滝、喜如嘉の滝、轟の滝を拝んだ。

その後、中持ちOさんは「自分が出来るのはここまでだ。床神の掛け軸は神番だから自分の力では及ばない範囲である」として、「額縁店へ行って自分がこれだと思う男神と女神の二人の御神体が描かれている掛け軸を捜して、床神として掛けなさい」と言われた。そんな雲をつかむような事を言われ、私も困ってしまった。彼女は私の霊神様は御天坊主大主と神様からは教えられているが、自信が持てないでいるようだった。

私はしばらく実行に移せず、日々を過ごしていた。

そんな時に私の居住している村で昔からの拝所を復元したいということで、霊能者（ユタ）を呼んで習いたいから、君も来て一緒に聞いてくれないかと誘いを受け、参加した。

新しい中持ちとの出会い

この方は八十四歳の高齢で、自分一人では満足に歩くことも出来ず、助手を一人引き連れて拝みをしておられる方だった。

当日、十五名ほどの参加者が居たが、霊能者は参加者全員に住所、氏名を書かせた。霊能者の方はその名前の書かれた紙を持って、上から順番に住所、氏名を読み上げながら村の自治会館に祀られている神様にお祈りを始めた。十番目程に書かれた私の名前を読み上げてお祈りをした時だった。祈っていたその方が「山内昌勝は誰だ」と後ろを振り向いた。私が手を挙げて「自分です」と名乗ると、「君にはやるべき事がある」と言われた。その言葉に対して、「私はこの村の人ではないのにどうして私がこの村の事に関係があるのですか」と問い返した。すると「これは私が言っているのではない、神様がそう言っているのであって、私の言葉ではない」と断言された。私は二の句が継げず「はい解りました」と答えるしかなかった。

その後、次々と村の拝所を回って「東り井戸」に来た時、また私の名前を呼ばれた。その方は「私がではないよ。天から弁財天の女神が降りて来られて。君にはやるべき事があるからちゃんと頑張って、功徳に預かりなさいと言っておられるよ」と言われた。二度も同じことを言われたので私も覚悟を決めて霊能者Tさんの言葉に従うことにした。

線香の意味

Tさんは私に彼女自身が活用している線香の使用目的の一覧表を渡して下さった。普通はそのような事は殆んどなさらないようで、それは次のようなものである。

1、ふとち線香

三十六本（三本×十二）……先祖のヌジファ

十五本（三本×五）………先祖の供養下げ（ヌジファできないとき）

2、うすり線香

十七本

（三本×五＋二）……先祖からのうすり

（二本×七＋三）……生身からのうすり

十二本……………うすり、うとい分けの線香
七本
（三本×二十三）……土地七役場
（三本×二十三）……御天七役場

3、御恩線香
三本……十二支の神を産んで下さった神親・父親・母親への御恩
十二本……十二支の御星への御恩
二十四本……御天十二方、土地十二方の御星への職務の御恩

4、お墓の移動のヌジファ
一〇八本線香……三本×三十六の束線香
三十六本（三本×十二）の帳簿線香とうすり線香とを上げてヌジファする。
お墓が移動されている場合はお墓のあった村の川、御嶽さんから順番にヌジファする。

自然番
〔神帳（白紙三枚重ね）＋うすり＋御恩上げ〕×三
お墓
正面…（うすり御恩上げ）線香一組＋打紙三枚×三
右隅　十五線香、（ミレーシ、はがして、三枚重ね）、ウチカビ三枚重ね

⑵補充の霊拝み

父親の実家の墓地から始まったTさんと拝んだ拝所と日付にお告げの内容を順を追って記録する。

一、父親の実家の墓地

【一回目】二〇〇六（戌）年七月六日

①自宅火の神　②十三代女神の墓（その時までそう思っていた）
③山内本家の墓　④西井戸　⑤男井戸

※今まで十三代女神の墓と思っていた墓は四代目男先祖の墓である。名前は三郎と言う。十二代夫婦の墓の場所は違う。ここからは海は見えない。
※山内家先祖初代は、私昌勝から二十八代目で首里中城御殿の子孫で、名前は「まちがに」と言い地頭職だった。先妻は名嘉殿内の娘で名は眞音ダルと言う。長男は世持神社（奥武山公園内）に勤めた。
※西井戸の神様のお告げ
・山内家の先祖は墓の奪い合いをした事がある。
・昌勝の霊親は首里の尚家屋敷内の「サシカサ」御井戸に行ったら教えてあげる。一番大事なところにまだ行ってない。

一日拝みを終えての感想

お告げでは父親の実家の墓は海の見える所にあるといって居られる。これは現在の墓だと思われる。

また、君の先祖は墓の奪い合いをしているねと言われた。本当にその通りで先祖よりそのように伝え聞いている。初代に先祖の先妻、後妻が居られたようである。先妻さんが意地悪で、後妻さんと同じ墓に埋葬されるのは嫌だということで後妻さんは実の親元のお墓に埋葬されたと聞かされている。その墓の場所は今もどこにあるか分からない。

二、長浜山内の亀甲墓

【三回目】二〇〇六年（戌）年七月二十七日

①西山内の墓

※二十一代目初代男神の名前はマサンドーと言う。

※十三代男神、童名はマサンドー、成人名は昌勝。妻はスヌメー殿内の祭祀にたずさわっ

ていた。三代目は童名はマツー、成人名は昌睦。
②長浜山内の香炉ー向かって右（男神、昌賢）、左（女神）～二十二代夫婦
③長浜山内亀甲墓～初代二十七代
④宇座御兵糧墓～二十八代
※スヌメー殿内の神様は村神で、戦前はこの場所で三曲踊ってから旗頭を先頭にしてエイサー隊は出発した。

三、首里中城御殿

【三回目】二〇〇六（戌）年八月三日
①火の神　②神棚（線香だけ）　③現西山内の墓　西山内初代～私より二十一代上
・十二代（三男）戌年生、先妻、後妻あり
・六～七代、松金が初代を祀っていたが、霊を開けることが出来なかった。
④首里中城御殿

・琉球王朝時代の役所で、長浜に祀られている二十八代男神は、北読谷山村の世の主に任じられ、「土帝君」番を司った。

⑤からやちぢ（首里城西側権現番）場所に自信がない由。

・二十八代男神が育った場所とのこと。

・私の霊神様は「天水流神（あますいりゅうしん）」

⑥竜樋

・三代目が私に「有難う」と言っておられる。

・二代目申の女が祖先を崇めるのを怠った。私、昌勝に頭を下げて詫びて居られる。

・三代目まではちゃんと御先祖様を祀っていた。

⑦スヌヒャン御嶽

・二十八代先祖より「色綾取ってくれて有難う。夫婦とも喜んでいる。」

四、天照皇大神御披露目

【四回】二〇〇六（戌）年八月二十二日

①自宅火の神　②天照皇大神　③千手観音様　④本部部間権現の天照皇大神の番

・私の実兄昌敏も霊を持っていた。

・亥年旧三月三日の真夜中の一時〜二時に巻物を上げるから、ノートと鉛筆を持参して天照皇大神の前で座禅を組んで待ちなさいと言われた。実行したけれども実現しなかった。

⑤天智門女龍宮王

・腹痛を患った人達（母、甥）も霊を持っていたが感じ取れないで失命した。私には本当は三年前に知らせた（母の手術、私の自動車事故等）。神は必ず約束は守る。

⑥天仁子乙女王（奥武島）

・③の約束通り午前一時十五分頃巻物を渡すから約束通り待ちなさい。

⑦奥武布袋大主の番

・二女は二十七代男神（地頭）の霊を持っている。

・二十七代の色綾を取ってあげると人を使うような仕事が出来る人である。骨神は西山内の墓に祀られている。山内家のひるぎ親は十八代で夫・マサンドー、妻・眞音樽である。浦添城とのつながりもあるが「サンミン」とれない。

【五回】二〇〇六（戌）年八月二十八日

①自宅火の神　②天照皇大神　③千手観音様：線香（三六＋三）だけ

④金武の洞窟入り口

右：天照番（神帳、東線香＋十二本＋三本）×三組

左：権現番（神帳、東線香右に同じ）

左右両方一緒に拝む

⑤普天間宮　⑥御天軸の御水（末吉公園）　⑦末吉宮　⑧識名宮

⑨安里八幡宮

※御天軸から「よく来た。頑張れ！」

※識名宮から「からやちぢから、松山御殿が先祖に当たる。解明しなさい。」

※「二十五～二十六代の地頭職を務めた男先祖の番の色綾を取ると、二女の運命が開けて

将来明るくなる。」
⑩波の上宮　⑪自宅の神様方に報告。
※「床神様が大変喜んで居られる。」

五、父の実家仏前・長浜山内仏前

【六回】二〇〇六（戌）年九月三日
①自宅の三ケ所の神様　②勇一山内の火の神　③勇一山内の仏前
④西山内の火の神　⑤西山内の仏前　⑥西山内の墓
※墓に十八代まで納骨されている。上代は勇一山内に祀られている。先祖四代昌慎と五代二男の取り換えは間違っている。ユタの言うことばかり聞かず将来自分で自信を持って直せ。
⑦長浜山内の墓
※二十七代、男先祖の名は武眞、先妻まじるがに（松山御殿の娘）、後妻は、うとらる。

後日松山御殿のさしかさ御井戸で霊玉は貰える。衆人御帳、グイス帳をもらってから。

・二十八代男先祖は、読谷山間切の世ぬ主であった。

⑧自宅の三ケ所の神様への報告

拝みの方法

○火の神　（三香×十二＋三香）

自然番　（神帳＋ミレーシ＋三香×十二＋三香）×三組

墓地　左―三香×五香＋白紙一枚折り×三＋ウチカビ三枚折り一組

墓前　一束＋十二本＋三香＋七香×二種類

＋十二本＋（三香×五香＋二香）〜一組

＋（二本×七香＋三本）一組

○自然神―神帳×三組

供養を解いたら束七香×二種類と束十七香は廃棄する。

六、伊平屋島・伊是名島拝み

【七回】二〇〇六（戌）年九月七〜八日

九月七日

①クボウ御嶽：妹の供養願いをしてほしい。

②クボウ御嶽クサイ井戸神：自分の先祖の色綾を取りなさい。

③クマヤーガマ：私の床神は天照さまに間違いない。

九月八日

①前泊神社：父勇一の兄、幼死した長男の骨身（小石四九個）の救いあげをし、村の井戸、御嶽で供養して両親に抱かせる。

〈伊是名島〉

②アカナー御嶽

※霊能者に言われて迷うな。自分の先祖の色綾を取って、ちゃんとやりなさい。半田原の墓（初代は十八代か、二十一代かはっきりしない）。長浜亀甲墓（十九代〜二十七代）か。

・いずれも二男立ち口で、名はマサンドー。長男が祀られている所を突き止めなさい。

③仲田神社

※自分がやるべき事は自分の先祖の事であって、門中の云々ではない。二十八代（世ぬ主）—二十七代—二十五代—二十四代—十四代—十二代—勇一—昌敏—昌到とつないで行くべきである。そして勇一の仏壇に祀るのが本筋だと神様は告げておられる。

※墓を分家するのは待っていたほうがよい。

④勇一の火の神様に報告

⑤実家の仏壇にも報告

⑥自分の三ケ所の神様にも報告。

【八回】二〇〇六（戌）年九月二十一日

①自宅の三ケ所の神様

②天久クボウ御嶽　○右主父御神

③天龍大御神　○左龍泉神

④サチヒジャー

○読谷山間切の世の主は、長浜の亀甲墓の二十七代女神のクサティかどうかはっきりしない。

⑤鏡番の御神

○右金毘羅大明神：世ぬ主は西山内の昌睦が祀っていた。

⑥天久臣乙女王神：昌睦が祀っていた先祖から色綾が取っていける。

○左龍泉うみ賜い母親

⑦川神　⑧鏡番の御神

○右表筒男御神：天風龍大御神と天久臣乙女王神との長男

⑨天風龍大御神：西山内の四代三郎は酒飲みだった。

○左子乃初子方神

⑩天龍神、乙女王神の二人の二男、

丑方番に行ったが、道路整備で整地され石碑跡は無かった。（浦添内間十字路パイプライン）

⑪右記③、④二神の三男寅ヌ方番

※首里鳥堀公園休息所の南側三米程の所にブロックがあった。今の本家の姓は山内ではな

い。松田である。松田家から山内家に養子に行った。
⑫波上神宮階段の正殿に向かって右側。天久臣乙女王神が降臨なさった場所。
⑬波上神宮
⑭自宅に帰って三ケ所の神様に報告。

七、御先祖様の色綾取り

【九回】二〇〇六（戌）年九月二十九日
①自宅の三ケ所の神様への事前報告
②勇一山内火の神　③勇一山内の仏壇　④西山内家の井戸
※私まで十三代。山内家の三男で結びは知花家の娘。香炉には十八代女神も祀られている
⑤松田井戸
⑥渡ケ次フルー：渡ケ次の地頭火の神の所へ行きなさい。
⑦渡ケ次の地頭火の神：十八代は地頭職を務めた。次は字宇座の西蔵の屋敷跡に行きな

さい。

⑧西蔵の屋敷の神：二十五代はこの屋敷に住んで、喜名の番所で務めた。今日初めて寅の男が先祖の色綾を取ってくれて有難う。

⑨喜名観音堂

⑩喜名観音堂の火の神：寅の男が霊の勤めをちゃんとやってくれたらこの西蔵の屋敷は寅の男にあげる。最後まで頑張ると約束しなさい。

※終了後は私の実家の家庭の神仏への報告はせず、ビンシーも家の中には入れない。「サン」を入れて翌日まで車の中に置いておく。

【十回】二〇〇六（戌）年九月三十日

出発の時、自宅の三ケ所神様への拝みはしない。

①山内門中拝殿：山内火の神・山内の子孫・初代先祖・ウミキ・ウミナイ

ここでもヌジファをする。

・初代は十八代男神。地頭職を務める。結びは西山内に祀られている。ここは、中元に当たる。本当はウミキ、ウミナイ神の香炉は必要ない。
②西山内の仏前：ここでもヌジファをする。
・二男立ち口。十八代男神マサンドー、結びはマカトー（松山御殿）の娘。
③長浜の亀甲墓：ここでもヌジファをする。
・二十七代。山内家立ち口。男神、マサンドー、女神―マジルガニ（松山御殿の娘）、後妻―ウトダル
亀の甲墓の女神：今まで色綾を取ってくれる人も無く、門中の子孫に認められず寂しかった。今日このように色綾を取ってくれて本当に嬉しい。子供は四男まで
④山内門中上代の墓：ここでもヌジファをする。
・何故夫婦別々に祀るのか。寂しい。亀の甲墓に妻と一緒に祀ってくれ。
⑤瀬名波泉（ガー）
・二十七代はこの泉の拝みも務められた先祖である。また、字宇座の土帝君の番の拝みも務められた。住まいは現在残っている西蔵屋敷に居住し、長浜の墓地の敷地は自分の物だった。

⑥西山内の墓の骨神につなぎをかける。
・つなぎかけた霊：兄夫婦、幼死した私の兄達、長男、二男、三男、父勇一、真之助夫婦、十三代、十四代、十五代、十六代、十七代、十八代まで。
・真之助伯父より：私に君は宇宇座のイジュンガーも拝んで霊力を貰いなさい。
⑦勇一山内火の神、⑧勇一山内仏前
⑦、⑧の両方の神前にビンスの花米、果実、酒全部取り換えて報告する。
※立ち口二十七代は勇一山内香炉に祀られている。将来は門中の「ウフムート」なるからその心算で。

【十一回】二〇〇六（戌）年十月十六日
宇座城山内家墓地色綾取り
①勇一山内火の神　②勇一山内仏前
③十二代目の墓地：十八代三男、松金（地頭）、妻マカトの墓
となりの墓地：山内家一七代の墓地

④宇座富の墓地：山内家二十代女先祖立ち口（ウトダル）
瀬名波泉、松田井戸、西井戸の水を使った。

⑤八代墓地：
※今六代養子が入った先祖八代だが、女先祖が、現在生きている人たちの和合が取れてないと嘆いておられる。（モーシーが持つべき先祖）

⑥八代目墓地に隣接する墓地：山内家に嫁いだ娘の両親の墓地
※ここは山内家直系の先祖の墓地ではなく、地頭の勤めをなさった他家の先祖の墓地である。字が供養すべき先祖で、山内家とは関係がない。色綾を取ってくれて有難う。待っていた。

⑦勇一山内の火の神：花米、果実、酒も変えてから報告する。

⑧勇一山内仏前：果実、ウチャヌク、を取ってビンス箱だけで報告する。

⑶ 補充の霊拝みを終えて

先祖の色綾を取ると言って居られたので、二、三日で簡単に終えると思っていた。しかし、始めてみると千手観音様の御仕立て、床神さまの御仕立てと仕事が出てきてそれもやらざるを得なくなった。すると必然的に神様の御披露目の仕事もせざるを得なくなった。

今回わらをもつかむ思いで八十四才になられる霊能者Tさんに頼って、実行した。しかし、この方が活用している線香の意味を再度見直してみると神様の事については殆んど触れられていない。御先祖様とお墓の事にしか、触れられていないことに気づいた。私もこの事についてては素人でその霊能者の言う通りに事を進めた。すなわち床神として天照皇大御神、また、正座の姿勢の千手観音様を御仕立てし、その御披露目まで済ませた。この事が後になって自分の仕事を増やす結果になろうとは夢にも思わなかつた。

しかし、霊能者Tさんを頼んだ事は私にとって必要不可欠だったように思う。なぜなら、霊の拝みで前任者が抜かしていた所を補ってもらったし、Tさんのおかげで私の父親の実家の仏壇で自分の御先祖様を拝む事ができた。なぜなら家に入る事を拒絶した実家の嫁さんに対して「何を言っているのか馬鹿、君の先祖を拝むのではない。この山内家の先祖を拝むのだ、お前はそこからどけ」と強引に実行してくれた。

そして、上代の御先祖様については調べる事ができなかったが、自分が調べる事が出来た五代目までの事、また自分自身が今までに経験した事は彼女の判断は疑う由もなかった。それほどまでに的中した彼女の霊能力には頭が下がった。

また、先に世話になったOさんが抜かしていた所もTさんに先導されて拝んでいるうちに私自身が気付くようになった。

今度は、私が最初から世話になっていた中持ちの人を先導してその霊能者の方が抜かしていた拝所を二日間かけて霊の拝みは終了し、最終段階として、私の霊神様とウコールを御仕立てする仕事の出来る霊能者の方を見つける段階まで来た気がした。

第四章　神様御披露目の解き拝み

一、座像の千手観音像

沖縄の民間信仰では、霊能者（ユタ）になる霊を持って生まれた人はその人独自の菩薩様、床神、霊神様を御仕立てしなければ霊能者としての勤めを果たす事が出来ないと言われている。したがって霊能者の方達は皆その人独自の神様を御仕立てして祀ってある。

これから私独自の神様の事について書く事にする。プライバシーを侵害してはいけないので私以外の人については仮名を使うことにする。前章の終盤の所にも書いてあるように私も霊能者のTさんに言われて、彼女の予言に従って私の神様を仕立てることになった。私がTさんの前に依頼していた霊能者Oさんの神様の勧めに従って私の干支の虚空蔵菩薩様を御仕立てて拝んでいた。更にその後、霊能者Tさんの勧めで千手観音様を御仕立てることになった。それで私は一人で仏具店に行って座像の観音様を買って来て神棚に祀った。しかしTさんは神棚に上げるとき、「アキヨー、タチクヮンヌンルヤタルムンヤー、ナーシムサ」（立ち千手観音様だったけど、もういいさ）とつぶやいていた。私も彼女がそれでいいと言っているならいいのだろうと、そのままにした。

また、Ｔさんが私の床神様は天照皇大神様であると言って、一緒に額縁店に行って店にあった掛け軸から彼女が選定して下さった。今思えば、店の主人は私の顔を見ながら納得いかない様子だったが、「それは展示用だがそれで良ければ一万円でいいよ、持っていきなさい」と言われた。それで天照皇大神様の掛け軸を購入し、既に準備してあった移動式の箱型の床に床神とし掲げた。そして、御仕立てした座像の千手観音様と、天照皇大神様の御披露目を実施して貰った。

一通り私の御先祖様色綾取りと神様の御仕立てとその御披露目の仕事が終了して後、これまで世話になった二〜三名の霊能者の方達にその出来具合を確認するために習いに行った。するとこれまで世話になった三名とも口を揃えて私の神様は間違っていると言った。

この頃から霊能者はそれぞれ分業があって、全ての霊能力を備えている人はいないという事については確信が持てるようになっていた。その為次の段階は神番の霊を持っている霊能者でなければならないと何となく感じるようになっていた。

そのような人を捜しているときに知人から「君が捜している人に心当たりがある」と言って、今では逝去されて故人になられた浦添市の牧港に住んでおられたＮさんという霊能者の方を紹介された。

この方は私の住所、氏名、干支を紙に書いて私の顔を見て話しかけた。私に何の質問もなしに「君は座像の千手観音像を祀ってあるね。千手観音像は立ち観音像でなければならないよ。座像はすぐ下げて立ち千手観音像に変えなさい。床神も天照皇大神様を祀ってあるね。床神も下げてから私の所に習いに来なさい。

まずは今祀ってある神様をTさんが御披露目した神前を回って、御披露目の解き願をしてから、千手観音像は首里の十二ケ所の何処かの寺で入魂された君の魂を除霊し、その寺に奉納しなさい。また、天照皇大神様の掛け軸は、波上宮の神仏用具奉納箱に奉納しなさい。そして神宮に三千円ほど寄進しなさい。」とまるで私の自宅の床と神棚が見えるように指示されたので私は一点の疑念も無く実施することにした。

私は千手観音像様の御披露目はしないで、天照皇大神様だけの御披露目だけを実施していた。私は一日だけ霊能者Oさん方を頼んで実施し、残りは自分一人でTさんが拝んだ神前を回って実施した。

二、天照皇大神様の下げ願い

下げ願のグイス　　床神としての天照皇大神様御仕立ての解き拝み

◯◯加那志前、拝まれて下さい。

今日平成二十年子年の旧暦六月二十八日のゆかる日、まさる日いらばびて、自分いちぶんから、ナンザビンス、クガニビンス御仕立てし、御神加那志前んかい御側ゆいしちようやびーせー◯◯市◯◯丁目◯◯番◯◯号ぬ屋敷んかい、育ちぐんかきとーびる寅ぬ男、山内昌勝能分なとーやびん。

去った平成十九年戌年の旧暦八月二十八日にこの寅の男の床神として天照皇大神様御仕立てさびて、うぬ御披露目あぎやびたしが、くぬ寅の男のうまり分能からや、床神様や天照皇大神様やあいびらんりち、なまどわかやびたる。あぬ時の中持ち、◯◯市◯◯丁目◯◯番◯◯号ぬ御屋敷んかい育ちぐんかきとうびるTさんがいいがままにさびたせーいっぺーわっさいびーたん。うまり道りっぱ、じょうとうないんり思てる御仕立てんさびたしが、ばっぺーたることや許ちきみそうり。いちみ人間や年せー取てんあてなしるやいびーでー、神ごと、天地ごとや手にん取らん、目にん見いらんいっぺー難しいことやいびーん。さり御神ぬめー、十段、百段、万段ぬ詫びんいんぬきやびーでー、どうりん許ちきみそうり。

Tさんが天照皇大神様ぬ御披露目ぬぐいすかなみ、道理かなみあぎやびたしや、このくびて二十四本ぬ香分しむっと解かちきみそうり。お願げさびらウートート。また、この天照皇大神様ぬ掛け軸や波の上神宮んかい奉納しみてうたびみそうり。

今日からぬ後や、この寅の男んかい、るー重さ、るーだるさぬ神せいじゅくんかきてーきみそうらんぐとに、この寅の男うまり真肌なちきみそうち、体がふううたびみそうり。

御願げーさびらウートート。


【離島の神様への解き拝み】二〇〇八（子）年一月二十五日　私と中持の二人

今帰仁城跡側のオーレ火の神の後方にある離島への通し火の神より、伊平屋、伊是名の各離島へ通し香分を使って別々に祈願して貰った。

〈伊平屋島〉

①伊平屋クボウ御嶽　②クボウ御嶽クサイ井戸　③クマヤーガマ　④前泊神社

〈伊是名島〉

⑤アカナー御嶽　⑥仲田神社

〈本島内〉

⑦部間御嶽天照番　⑧天智門女龍宮王　⑨天仁子乙女王

⑩奥武島布袋大主骨神グサイ　⑪奥武観音堂　首里末吉公園内

⑫御天軸の御水　⑬末吉宮の神様～天照番

※末吉宮の神様のお告げ

・血圧が上がったり、下がったりしたのは神様からの知らせである。今日から気持ちを落ち着けて悪欲を捨てて、神心を持って頑張っていきなさい。判示と相談して、時期を見計らって自分の床神を仕立てなさい。

【解き拝み　二回目】　二〇〇八（子）年一月二十九日　　昌勝一人

①天久クボウ御嶽　②天龍大御神　③井戸（鏡番）　④天久臣乙女王神　⑤泉川

⑥鏡番の御神　⑦天風龍大御神　⑧普天間神宮

【解き拝み　三回目】　二〇〇八（子）年一月三十日　　昌勝一人

①金武洞窟入り口（右、天照番　左、権現番）②識名宮　③寅ヌ方番（鳥堀公園内）

④安里八幡宮　⑤天久臣乙女王神降臨跡　⑥波上宮

間違ったやり方をすると、解き拝みを済まさないと次に進めない。したがって、拝みの目的にあった霊能者の方を見つけて頼まないと大変である。間違いとやり直しはセットなのでその損失ときたら御金も時間も大変である。

私が思うに前任者の霊能者の方が琉球三権現番の拝みを抜かしたために、私はTさんを頼むはめになったのではないかと思っている。金に糸目をつけたらこの宿命を全うできないので、これも神から与えられた試練だと諦めている。やっとここまで来たが次なる試練は何だろう。まあ神様が教えて下さると信じて前に進もう。

第五章　神様の御仕立て

一、神番の霊を持つ霊能者

次なる仕事は、自分の神様の御仕立てである。しかし、頼める霊能者の候補者を見つける事が出来ない。見つかるまで待つしかない。

そうこうしているうちに友人から浦添に神番の霊をもっている霊能者で、有名な人がいるが一度会ってみたらどうかと紹介された。わらをもつかむ思いで習いに行った。

【第一回】二〇〇八（子）年五月二十二日

私の住所・氏名を書いて彼女（Nさん）の前に座って無言で待つ。「御星神虚空蔵菩薩様上げられておりましたが、現在下げられて居りますね。御無礼になって居ります。ちゃんとお詫びしておきなさい。

千手観音様上げられておりますが、貴方の神様は座像の観音様ではありません。本当は、立像の千手観音様でなければなりません。この観音様は買い替えて、立像の千手観音様を祀らなければなりません。

君の妻は、床神とか神棚に菩薩様を祀るのを嫌っていますから、奥さんをここに連れてきなさい。奥さんの承諾を得ないで祀ることはできません。」

次回に妻の同伴を約束してその日は終わる。

【第二回】二〇〇八（子）年六月四日

過日の約束通り妻も同伴でNさんの所に習いに行く。Nさんに妻を説得して貰って、床神の御仕立ての同意を得る。その日の内に床神の掛け軸をスケッチして貰う予定だったが、「掛け軸の中には三名の神様が居られるが、二人の神様の姿がはっきりとは浮かんでこない。したがって今日はスケッチ出来ない。床神は六月中に御仕立てして、床神の御仕立てのお祝いまで終了するようにしなさい。」と言われる。

床神御仕立てをする前に屋敷の拝みをしておく。

〈屋敷の拝み〉

①火の神、仏前はウチャヌク付きのビンスだけで、帳簿は飾らない。

②屋敷拝みの帳簿はこれまで通り三点ずつで、線香は、束線香、クビテ十七本、クビテ

十五本、ひらち十五本を真ん中だけに置き、拝みの時は、束線香と、平香二枚と三本の十五本の線香だけを灯す。

③水の神様とトイレの神様、すなわち線香を灯さない個所では両側にも十五本の線香をそなえる。

場所：水道、トイレ、北、東、南、西、門、家の玄関口、屋敷の中心（だいたいの場合ここで拝む）

二、床神の掛軸を依頼

【第三回】二〇〇八（子）年六月七日

Nさんの住宅で床神の掛軸の絵を描いていただくため、嘉手納の與（あたえ）額縁店の與　栄市さんに来ていただく。Nさんがスケッチした神様の絵を元絵にして、Nさんに色彩の配色をして貰って、描いてもらう。與さんは今は忙しくて旧の八月頃にしか手掛けられないという事で時期的に遅くなった。

ここで與さんについて少し触れておく。氏は嘉手納にある與額縁店の店主で、彼自身が神番の霊能者である。したがって、私のような人は彼に直接会って相談すれば、相談者の話を聞いて床神を描く事が出来る。困っている人は相談するとよいと思う。

【第四回】二〇〇八（子）年六月十八日

Nさんと與氏の二人に私の自宅に来てもらって屋敷の鑑定をして貰う。

①床の場所が悪いので、表鬼門に向けないように場所を移動したほうがよい。

②屋敷の表鬼門と南角の方が汚れているのでもっと清潔にするように。

今まで無造作に家庭の庭園用の土作りの為に置いてあった木の葉その他、生ゴミ等を片づけて綺麗にする。

【第五回】二〇〇八（子）年六月二十八日

今まで床の間に掛けてあった天照皇大神様の掛け軸をビンスの箱だけで火の神様に下げ願をしてから、その日の内に波の上神宮の神事物入れに三〇〇〇円の御賽銭を献金してから、掛け軸を奉納する。

三、床神の御仕立ての儀式

【第六回】二〇〇八（子）年九月二十九日（かのえ・子・六白・先勝）

神様を御仕立てする時は必ず決まった儀式として、御仕立ての御祝いをする。もちろん御祝いだから御客さんも何名か招待して祝う。

しかし、禁じ手があるので気をつけなければならない。神様を御仕立てする人と同じ干支の人は招待してはならない。すなわち、寅の人の神様の御仕立て祝いに寅の人を招待してはならない。そのことを充分に気をつけて招待客を選定しなければならない。

神様の御仕立て祝いの供え物

1、生物

①稲穂：七房

②五穀：ムギ、アワ、その他三品
③野菜：葉野菜（一束）、ニンジン（三本）、大根（一本）―生で
④果物：リンゴ、ミカン、バナナ～各奇数個ずつ
⑤米：五合、または七合を皿に入れ、タマゴ十一個で円形を作り、中心にタマゴ一個立て、その上に紙幣奇数枚置く。
⑥赤マンジュウ：奇数個（五～九個程度）
⑦ローソク：右、左一本

2、煮物
①海産物：タイ一尾、（エビ頭付き、カニ）奇数個ずつ
②砂糖テンプラ、カタハランブー：奇数個対一皿に入れる。
③おつゆ（そうめん、醤油煮）、赤飯、オカズ（奇数種）赤カマボコも入れる。
④寿、赤飯ウブク
⑤生豆腐一丁の上にカラス小十二尾、縦に四列×三行

火の神様への報告　（ウチャヌク、果実付きビンス）

グイス

◯◯市◯◯、◯◯丁目◯◯番◯◯号ぬ火の神ぬお神ぬめーうがまってうたびみそうり。くぬちねーんかいすだちぐんかきとうびる山内家ぬ五男、寅ぬ男なとうやびん。今日や子年ぬ新暦◯◯月◯◯日、

旧暦ぬ◯◯年◯◯月◯◯日ゆかる日まさる日いらばびて、るー（自分）いちぶんからウチャヌク、果実付きぬナンザ（銀）ビンス、クガニ（金）ビンス御仕立てさびて、満ち潮あててちねーぬ床神、掛け軸、ウコール御仕立てさびーん。ちねーぬしんかぬちゃーんかい、ぬーぬさしさわりんみしてんきみそうらんぐとに、立派にお仕立てんしみらちうたびみそうち、ちねー（家庭）守いしみらちうたびみそうり。

御願さびら。ウートートー。

床神の御仕立ての拝み　（ウコール、神帳簿）

グイス

床神《トクシン》の神加那志《カミガナシ》めー拝《ウガ》まってうたびみそうり。

今日《チユウ》、二〇〇八年・子年《ニードシ》・新暦・〇〇月・〇〇日、旧暦〇〇月《グワチ》〇〇日《ニチ》ぬ、ゆかる日《ヒー》まさる日《ヒー》いらばびて、るー（自分）一分《イチブン》からウチャヌク、果実《クダモノ》付《ツ》きぬナンザビンス、クガニビンス御仕立《ウシタテ》てさびて満《ミ》ち潮《ス》あてて、床神、掛《カ》け軸《ジク》、ウコール御仕立てしみらちうたびみそうり。

九枚《クンメー》ぬ白紙《ハクシ》御帳簿《ウチョウブ》、九枚ぬ白紙クバングワン、クガニ御酒《ウサキ》、ナンザ花米《ハナグミ》御飾《ウカザ》いそうて床神様御仕立ての御祝《ウフェー》さびら。
・二十四本ぬ香分《コウブン》や、御天《ウテン》うすり、御天七役場《ウテンナナヤクバ》うすり、御天神加那志《カミガナシ》―うすり、ふんし、じぃちうすりやぃびーん。
・くびて十七本ぬ香分や、いちみから神加那志めーんかいぬ万万《マンマン》ぬ御恩《グウン》ぬ道《ミチ》やいびーん。
・くびて十五本《ホン》ぬ香分や、不足《フスク》たれー香分あぎやびら。
・ひらち十五本ぬ香分や、二枚《ニンメー》ぬ香分や、床《トク》ぬ神加那志うすりやいびーん。三本香分や、こぬ寅《トラ》ぬ男《ウトク》ぬ願《ニ》げー香分やいびーん。

御祝《ウイワ》いぬ品物《シナムン》

稲穂《ンニヌフー》、米盛《クミム》い皿《サラ》の上《ウイ》んかい、クーガ十二個《コ》、紙幣《カビジン》五枚、あぎぬ品物《シナムン》五穀《ゴコク》、野菜《ヤセー》三品《サンピン》、海《ウミ》ぬ品物、タイの魚《サカナ》、ガニ、イビ、また、なま豆腐《トウフ》んかいカラス小十二尾《ヒキ》、御祝えーぬ品物、数々《カジカジ》すらーちうさぎてーびーやぐと
＊御天の神加那志方々《カタガタ》や九枚《クンメー》ぬ白紙帳簿。
＊じいちぬ御神加那志めーや白紙《ハクシ》クバングワン
御祝えーぬ品々《シナジナ》受取《ウキト》いじゅらさしうたびみそうり。

くぬ寅ぬ男んあてなしるやいびーでー
香分不足・品物不足・帳簿《チョウブ》不足・いいうくわ言《イ》い不足ん言《イ》みそうらんぐとに受取《ウキトイ》いじゅらさしきみそうち、今日《チュー》からや、くぬちねーぬしんかぬちゃーみーまんてうたびみそち、立、なし繁盛《ハンジョウ》ぬ道《ミチ》んかきらちうたびみそうち栄《サカ》い果報《ガフー》しみらちうたびみそうり。御願《ウニゲー》さびら。ウートートー。

四、Nさんの線香の意味

1、二十四本（束線香）

①御天うすり、御天七役場うすり、神加那志うすり、ふんし、土地うすり

②龍宮神の前

　御天うすり、御天七役場うすり、神加那志うすり、龍宮七底うすり、龍宮九底うすり、ふんし、じいちうすり。

③門中の大元、中元

神加那志うすりの次に、うやふじ、御香炉、神加那志を挿入

④御嶽の所

神加那志の次に、御嶽うすりを挿入

⑤湧、泉、池、井戸の所

神加那志の次に、湧く神、五湧く、七湧く、九湧くうすりを挿入

2、くびて十七本ぬ香分

①生身から神加那志前んかいぬ万万ぬ御恩ぬ道。

②神加那志前に万々ぬ御恩送って、神々との糸つなぎの道。

③うやふじ神加那志前んかいぬ御恩上げの道。（元祖ゆしりーる道）

3、くびて十五本ぬ香分

不足たれ―香分

4、平二枚香分
①屋敷拝みー土地うすり、土地七役場うすり
②神の御仕立てー神加那志―うすり

5、三本香分
拝む人からの御願の香分

五、観音様と霊神様の御仕立て

霊能者を頼む時の注意点

同じ本数の線香でも、沖縄の霊能者はその人の霊分能によって線香の持つ意味が違ってくる。OさんとNさんの二人の線香の意味を比べると良く解かる。この事からも、沖縄で霊能者を頼らざるを得なくなった時は、自分の目的にあった霊能者の方を頼まないと、結果的に間違いを起こしてしまう。

霊能者（ユタ）が嘘付きと言うよりは自分自身が、ユタ、またはその他の霊能者について何の予備知識も持ち合わせていないと言う事に他ならない。

観音様御仕立てについて

まず第一に気をつけなければいけない事は、仏具店で鋳物の観音様を買ってはいけない。現在は沖縄には鋳物工場はないようである。

観音様を仕立てる手順として、最初に首里の十二ヶ所の寺で観音様に入魂をするために開眼と言う儀式を行う。その後に、御仕立ての御祝いを済ませて神棚に祀る。観音様を祀っている本人が死去すると今度は、観音様から魂を抜く閉眼という儀式を済ませてからその観音様を御寺に奉納する。この観音様の奉納料が鋳物の場合高い。

最近では、御寺に行けば額縁に入った絵画の観音様が首里の達磨寺で販売されている。首里の観音堂は、観音様の販売、入魂等神事行事は一切行わないからこの事も気をつけておこう。

観音様に関しては首里の達磨寺に相談に行った方がよい。販売、入魂、開眼、閉眼全て、早く、安く相談に乗ってくれるから大変にありがたい。値段は一万円均一と思っていて間違いはない。自分が観音様を仕立てる立場になった時、この事も思い悩んだから書いておくことにする。

霊神様の御仕立て

これは沖縄の民間信仰独特の神様である。だから既製品を買うと言うわけにはいかない。これは神番の霊を持った霊能者が、その人が祀っている神様の指示に従ってスケッチして、また霊神様の絵を描く霊を持った人に頼んで描いてもらう以外の方法はない。私の場合この神番の霊能者と霊神様を描く霊能者の方を捜すのに苦労した。

幸い嘉手納の與頟縁店の與栄市氏は、霊神様を描く事の出来る霊能者の霊を持って居られる。私同様、霊神様を御仕立てしなければならない立場の人は、Nさんが逝去された今では、與栄市氏に相談すれば、霊神様を描いてもらえる。與氏は以前から霊能者本人と相談しながら霊神様を描いて居られた。

二〇〇八（子）年十一月六日

Nさんとの霊あわせ

今年の旧九月二十九日の床神の御仕立ては、ちゃんと出来ている。

旧暦の一日と十五日には、火の神と床神は赤飯ウブクを三杯ずつ御供えして、御酒、花米、洗米だけのビンスで拝みなさい。

神の御仕立て出来ない月。

旧暦の四月、七月、十月、十二月。

前記の月は、村番、祖先、首里十二ケ所、御寺、七宮八社の番、御恩上げ、つなぎの道（御披露目）も出来ない。出来る月まで待つようにする。

御星神、霊神様の御仕立ては十一月にやるので、早めに御仕立ての方法を習いに来てください。

座像の千手観音様を下げる方法

①火の神様に（束線香、二枚の線香、三本線香）立てて、ウチャヌク、果実付きのビンスを御仕立てして道理を言ってお願いする。

②床神様の前でも、火の神様の前でやったように、線香の立て方も全く同じようにして道理を申し上げて御願する。

観音様の入魂の日

達磨寺で観音様に入魂して御供して来ますので、ちゃんと迎えて下さるように、火の神様と床神様に十五本の線香を立ててお願いしてから、入魂しに行く。

二〇〇八（子）年十一月四日

座像千手観音様の下げ願いの拝み

火の神様・床神様の両神様の前

グイス

火の神加那志めーうがっまってうたびみそうり。

今日ぬゆかる日、まさる日選ばびて、るーいちぶんからウチャヌク、果実付きぬナンザビンス、クガニビンス御仕立さびて、火の神ぬ神加那志うがりうやびーせー、くぬちねーんかいすだちぐんかきとうびる、寅ぬ男、山内昌勝能分なとうやびん。

二年前ーぬ戊年に沖縄市仲宗根○○丁目○○番○○号ぬ御屋敷んかい、すだつぐんかきとうびるTさんりいみせーる、むぬしりぬ判断うがまびて、座り千手観音様御仕立てし、うあがみさびたしが、ゆすぬ判示ぬ判断と引当てさびたくと、くぬ寅ぬ男ぬ霊からや、座り千手観音様やあみそうらん、立ち千手観音様るやいびーるんち、うがまってうやびーん。

くぬ寅ぬ男ん、あてなしるやいびーでー、間違いびたる段ぬみちや、十段、百段、万段ぬわびん、うんぬきやびでー、御許しいただかちうたびみそうち、くぬ座り千手観音様や下ぎらちうたびみそうり。お願げーさびら、ウートートー。

二〇〇八年十一月五日（午前十時）

盛光寺にて座像千手観音像を閉眼供養して貰い、観音像を盛光寺に奉納する。

その二、三日前首里の十二ヶ所に直接相談に行ったら、観音堂は閉眼の仕事はしないと住職さんは言われた。安国寺は工事中で、達磨寺に行ったら、閉眼はするが観音像の奉納は、現在では鋳物の観音像は、はっきりは覚えていないが、二〜三万円奉納料はかかるとと言われた。まずは盛光寺までは行って相談してからと思い、盛光寺の住職さんに、相談したら一万円で閉眼の儀式を行いそのまま奉納できると言われたので、十一月五日に閉眼の儀式を行いそのまま奉納した。

二〇〇八年十一月五日（午後三時より——満潮の時間）

だるま寺で立ち千手観音様と虚空蔵菩薩様の二体の額縁入りの仏様を購入し、開眼の儀式を済ませる。家に持ち帰り夕方、十五本の線香を立てて火の神様と床神様に報告して、迎えてくださるよう祈願する。

二〇〇八年（子）年一一月十日（午後一時頃―満潮の時）

虚空蔵菩薩様と立ち千手観音様の御仕立てをする。

※御備えする品物は、床神様御仕立ての場合と同じ。

グイスについて

①床神様御仕立ての時の日付を十一月十日に変更する。

②神様を床神様から虚空蔵菩薩様と立ち千手観音様に変更すればよい。

二〇〇九（丑）年・新暦一月九日（旧子年十二月十四日）

Nさんの判断

十二月中に子年のうしりがふーの拝みをちゃんと実施しなさい。

①大里の村番の神様　②出身地字宇座の村番の神様。

今は、これだけで良い。

自分で良い日を選んで二日に分けて実施した。当たり前の事なので、日付は書かない。

ウチャヌク、果物付きのビンスを準備する。

※新正月の拝みが実施されてないと注意を受ける。次年度からは必ず実施するように。

※大里村の村グサイの産井戸を修復したが、入魂の儀式がまだ行われていないので実施するように産井戸の井戸神から私に頼みがあったので、自治会長さんにお願いして実施して貰った。

旧暦ぬ年頭拝みのグイス

今日の、ゆかる日まさる日（寅年ぬ）旧暦ぬ正月なとうやびん。

◯◯市◯◯丁目◯◯番◯◯号ぬ御屋敷んかい育ちぐんかきとうびる（氏名）寅ぬ男ぬちねーでびる。御天ぬんかいめんせーる火の神ガナシーめー、三本香分し七橋んかきてーやびーぐと一段、一段～火の神ウコールんかい降りてめんそうち、うてちちじゅらさしうたびみそうり。寅ぬ男ぬちねーさんむとから、ナンザビンス、クガニビンス御仕立てし、今年ぬ（丑年ぬ）年頭ぬ御願うさぎやびら。サリ、ウートートー、去年丑年ぬ一年無難ジュラサ御守いうたびみそうちカフーシやいびーたん。

まさて今年ん五穀クェブー、体果報、夫婦、親子、姉弟、兄妹、うまんちゅとの和合御願げーさびとうて、くぬチネーぬ一年じゅうぬ喜びぬ段御願げーさびら。

サリ、ウートートー、赤紙、カザイムチ、タンとクブ、龍宮、山ぬクワッチーんうさぎとうて喜びぬ段上ぎやびら。

今日ぬゆかる日まさる日、年頭ぬ御願あぎやびとうて、神ぬ御酒、ウビー、九合花、いちみジンカニ上ぎやびとうて、不足んうちみそうらんぐとに、真心くみとうてうさぎやびーぐと、くぬ一年中笑いふくいぬ道うたびみそうり。

くぬ寅ぬ男んあてなしるやいびーでー、・香分不足・品物不足・帳簿不足・いい子いい不足んいみそうらんぐとに、今日ぬ年頭ぬ御願げーかなわらちうたびみそうり。御願げーさびら。ウートートー。

＊新暦の正月もこの方法でちゃんと祈願するように。
＊Nさんより、私は神番だから、首里の十二ケ所は年頭拝みには行かなくても良い。

六、床神様・菩薩様・観音様の御披露目

二〇〇九（丑）年一月二十七日（新暦二月二十一日）
火の神様より三本香分で通し拝み
①大里村の村四隅　②読谷村字宇座村の村四隅
③琉球中四隅　④国四隅　⑤ウフ四隅　⑥世ー四隅への御披露目
線香、まるち二十四本、くびて十七本、くびて十五本、平香二枚（十二本）十三本
〇早朝水を御供えしてから、果実、ウチャヤヌク付きのビンスとグイスだけで拝む。
自宅の火の神、虚空蔵菩薩様、立ち千手観音様に報告してから

〈大里の村番〉

①産井戸　②村火の神　③御嶽グサイ　④殿　⑤ウガングワー山

○終了したら十五本の線香を立てて、自宅の神様に報告。

二〇〇九年一月二十九日

〈読谷村字宇座村番〉

①西井戸　②神アサギ　③スヌメー殿内　④東ヌ神屋

二〇〇九年二月十一日

首里十二ケ所への床神、二体の菩薩様の御披露目

二〇〇九年（丑年）三月二十一日

①喜名観音様　②嘉手刈観音様　③久志観音様　④奥武観音様　⑤天久観音様（弁財天）

二〇〇九年二月四日
①末吉宮　②識名宮　③沖の宮　④波の上宮　⑤天久宮　⑥安里八幡宮　⑦普天間宮
⑧金武宮

二〇〇九年二月三十日
①勇一山内仏壇　②西山内仏壇（西井戸より）③山内
④与世田殿内（火の神二つ・床神・千手観音様・ウコール六個）
⑤名嘉殿内（火の神・床神・千手観音様・ウコール六個）

二〇〇九年三月二十七日
西山内の仏壇への御披露目　自宅の全神ウコールより線香（東、一七本、一五本、一二本、三本）を使って通し香分でやりなおす。果物、ウチャヌク付きのビンスを使って。
床神様、虚空蔵菩薩様、立ち千手観音様の御披露目のグイス〇〇神様ぬめー拝まってうたびみそうり。

今日、丑年ぬ新暦〇〇月〇〇日、旧暦ぬ〇〇月〇〇日ぬゆかる日まさる日選ばびて、るーいちぶんから、ウチヤヌク、果実付きぬナンザビンス、クガニビンシ御仕立てさびて御神加那志めーんかい御側寄いしちようやびーせー、〇〇市〇〇丁目〇〇番〇〇号ぬ御屋敷んかい育ちぐんかきとうびる〇〇家〇〇男（女）、氏名、干支の男（女）なとうやびん。

んじゃる子年ぬ旧暦〇〇月〇〇日ぬゆかる日まさる日選ばびてちねーぬ床神、掛け軸、ウコール御仕立てさびたん。また、同じ子年ぬ〇〇月〇〇日虚空蔵菩薩様とウコール、立ち千手観音様とウコール御仕立てさびて、うぬ御披露目しーが寄しりてちやーびたん。

二十四本ぬ束香や、御天うすり、御天七役場うすり、神加那志うすり、ふんし、じいち（土地）うすりやいびーん。

くびて十七本ぬ香分や、いちみから神加那志めーんかいぬまんまんぬ御恩上ぎらちうたびみそうち、繋ぎ（ちなじ）番かきらちうたびみそうり。くびて十五本ぬ香分や不足たれー香分やいびーぐと、不足分やたれーてうたびみそうり。

ひらち十五本ぬ香分や、十二本ぬ香分や、神加那志うすり、三本香分や、くぬ◯◯ぬ男ぬ願げー香分やいびーぐと、今日ぬ御披露目ぬ願げーごとかなわらちうたびみそうり。

九枚ぬ白紙御帳簿や御天神加那志めーんかい、

九枚ぬ白紙クバングワンや土地（じいち）ぬ神加那志めーんかい、この◯◯ぬ男から御恩上げてーやびーぐと、うきとてうたびみそうり。

御神加那志めー、この◯◯ぬ男ぬ霊力、胸ぬ力、グイス力んまさらちうたびみそうち、霊分能ぬちとみんうみはまらちうたびみそうり。この◯◯ぬ男んあてなしるやいびーぐと

香分不足・品物不足・帳簿不足・グイス不足・いい子、いい不足んいみそうらんぐとに受取てうたびみそうり。今日ぬこの◯◯（干支）の男が御仕立てせ

ーびる床神様、虚空蔵菩薩様、千手観音様ぬ御披露目ぬ願げーごと立派にかなわらちうたびみそうり。御願げーさびら。

ウートート。

＊ウマチー、朔日、十五日は、赤ウブクと果物を供え、箱ビンスだけで拝む。

神様の御祝い

・正月
・十八夜
・三月三日（龍宮神の祝い）
・五月十八日
・六月十八日
・八月十五日（フチャギのお備えは、午後行う）
・九月九日（菊酒は午後）
・九月十八日

赤ウブク、オカズ、赤マンジュウ、果実とウチャヌク付きビンスで祝う。オカズに肉は使わない。

※旧暦の四月、七月、十月、十二月は、神上げ、七宮八社、御嶽、井戸、龍宮神、首里十二ケ所の拝みはできない。

〈三月三日〉

赤ウブク、赤マンジュウ、ウチャヌク付きビンスで拝む。

〈八月十五日〉

赤ウブク、オカズ、フチャギ、赤マンジュウ、オツユも供えて、果物、ウチャヌク付き本ビンスで拝む。

〈九月九日〉

ウブク、菊酒、オカズ供えて本ビンスで拝む。

七、霊神様の仕立ての儀式

二〇〇九（丑）年五月十一日（新六月三日）

今日、Nさん宅で與さん、私三人同席のもと、Nさんが私の霊神様のスケッチをし、與さんが仕上げて旧暦五月十九日にNさん宅で、当日の十八時〜十九時に引き渡しをする約束をする。

（私は旧五月十三日に、霊玉、鏡版、ウコールを購入して準備する。）

二〇〇九年五月十九日（新六月十一日）

当日の午前中にNさん宅で私の霊神様を受け取り、その日の午後十九時三十分（満ち潮の時間）から二十時の間に妻と二人で私の霊神様の御仕立ての儀式を済ませる。床神様御仕立てと同じ要領で私自身で儀式を行う。

二〇〇九（丑）年五月二十五日（新六月十七日）

Nさんの所に、霊神様の御仕立て首尾具合を確かめに行く。

・霊神様は上がっている。十二本の香分のグイスは間違っていたが、終わりの所のグイスの追加で認めてあげる。

十二本のグイスを家に帰って確かめてみてびっくりした。正しくは「霊ぬ神加那志うすり」だが、私は「じいちうすり、じいち七役場うすり」と言っていた。

丑年の旧暦九月からは私の前厄で、私は寅年なので、寅年の一年中と、卯年の前厄五月までは、私の霊神様の拝みは出来ないようである。約二ケ年間の休み期間になる。

二〇一一（卯）年三月二十一日（新暦四月二十三日）

私の後厄はまだ明けてないが、先祖への拝みは実施しても何のおとがめもないと言うことである。今まで知らなかった私の十三代先祖女神、霊親への御恩上げと供養願をすることにした。

グイス

くぬふんしぬ、地神、荒神ぬ神加那志めー、また、くぬふんしんかい祀らってめんせーる、くぬ寅ぬ男ぬ霊親十三代女神ぬめー拝まっててうたびみそうり。

今日卯年ぬ旧暦五月二十一日ゆかる日まさる日選ばびて、自分（るー）一分からウチャヌク、果実付きぬナンザビンス、クガニビンス御仕立てし、くぬふんしんかい祀らってめんせーる十三代女神霊親ぬめーんかい御側寄いしちょうやびいせー、◯◯市◯◯丁目◯◯番地◯◯号ぬ御屋敷んかい育ちぐんかきとうびる氏名、寅ぬ男なとうやびん。

この寅ぬ男、◯◯村字◯◯、◯◯番地、屋号◯◯、戦争世に世―しりみそうちやる◯◯、ぬ男とむしび◯◯ぬ女ぬ産し立てぬ五男、◯◯ぬ男でーびる。

なままりゆしりて、ちゅうし遅れたる段ぬ道や十段、百段、万段ぬ詫びんうんぬきやびでーゆりーいただかちうたびみそうり。

ふんしぬ地神、荒神ぬ神加那志めー、この◯◯ぬ霊親一三代女神ぬめー、なままりふたばなみそうらちやる無念、残念供養、神、霊、胸、ちとみ、日、月、年、世―、星ぬ供養んこぬくびて二四本ぬ香分し解かちうたびみそうち、んじゃる後生や、極楽世―御願げさびら。

さり、十三代女神霊親ぬめー、なまやこの◯◯ぬ男、むしび戌の女と、二人ぬなしたてぬ男子一人、女子二人産し繁盛さびて長男や立身さびてむしび酉ぬ女と二人が産したてぬ長男ぬ三人、大和ぬ三重県◯◯市◯◯町◯◯番地うとうて育ちぐんかきてうやびーん。

こぬ寅ぬ男から十五万貫ぬ三つ四十五万貫、生まれの御恩、育ちぬ御恩うさぎてーびぐと受取てうたびみそうり。

さり十三代霊親女神ぬめー血や水んかい流しみそうち、肉や土地にかいなみそうち、骨神や石山んかいあがみそうち、ウモウシんうさぎやびてーぐと御天ぬんかい登みそうち神んかいなみそうち、この寅の男ぬちねーぬしんかぬちゃー見守んてうたびみそうり。御願げーさびら。ウートートー。

霊神様の御披露目

二〇一一年六月四日（新暦七月四日）

首里十二ケ所（Nさんの帳簿）

大里の村神様

①産井戸　②村火の神　③御嶽グサイ　④殿の神様　⑤ウガングワー山

二〇一一年六月六日（新暦七月六日）

読谷村字宇座の村神様

①西井戸（ここの場所から、男井戸、ワランジヤガー、松田ガー、東井戸、ガマガー、石グムイ、イジュンガー）まとめて拝む。

②神アサギ　③スヌメー殿内

④東ヌ神屋（ここから西ヌ神屋、潮吹きガマ、イビ御嶽、ハマヅワー、まとめて拝む。）

二〇一一年六月十三日（新暦七月十三日）

①喜名観音堂、　②嘉手刈観音堂　③久志観音堂　④金武観音堂　⑤奥武観音堂

二〇一一年六月十六日（新暦七月一六日）

①識名宮　②末吉宮　③天久宮　④聖現寺　⑤波の上宮　⑥沖の宮　⑦安里八幡宮

⑧普天間宮

グイスは床神様のグイスと同じで、神様の名前、日付を変えればそのまま活用出来るので、ここでは割愛する。

第六章　霊拝みのグイス

一、霊拝みの準備

前にも触れたと思うが、霊拝みは中持ちをしている霊能者の方の神様の指示に従って全ては決まる。そして霊拝み、御恩上げ、親族の供養願いはほとんど同時並行的に行われるのである。神様は霊拝みをしている本人が拝みの目的に応じたグイスをちゃんと言えるようになったかどうかを見極めてから、中持ちの霊能者から独り立ちして拝みをさせるかどうかの判断をなされる。だから努力して自分一人で霊拝みが出来るようになるかどうかは、それを実施している本人のでき具合が大切である。

ほとんどの人が行く拝所は伊平屋島、久高島、本島内では、今帰仁番、国四隅番、中軸番、卯ヌ方四村番、自分の干支の番が共通のようで、その他は自分の門中、出生地、居住地、先祖の足跡によって皆違うように思われる。

自分が拝む拝所も中持ちの霊能者だけに頼ってはいけないように思う。自分の出生地、居住地などはそれぞれの土地の霊能者の所に習いに行ったりする。各地域の大まかな拝所はそれぞれの市、町、村の教育委員会へ行って資料を買って概略はつかめる。しかし、文化財としてそれぞれの地域で知られている拝所だけでは不十分である。

間違った拝所を拝むと後で下げ願をしなければならないため、金、時間共に損失が多いので続ける気持ちを失い、自信喪失する。だから未知の場所では、面倒ではあるが、その地域の霊能者の方を訪ねて拝所をちゃんと習ってから拝みはやった方がよい。

拝みは階段状になっていて初期段階、中期段階、最終段階と階段を登って行くようなものである。

また、特に天下り軸番と言う拝所では御供えする御帳もグイスも独特である。従ってそのような特徴をつかんでグイスも覚えると割と習得しやすいように思う。

出来るだけ方言で書こうと思うが、私は読谷村の出身である。だから読谷の方言しか解からない。沖縄の方言は地域によって微妙に違うから、自分で拝みをする場合は自分の地元の長老の方に習って、自分の言葉でやると覚えやすいように思う。

一組の拝みの帳簿

①御天の神様へ：神帳～習字紙三枚重ね二つ折り。

②じいち（土地）の神様へ：ウチカビ（五枚重ね二つ折り）
③十二支の神様へ：ミレーシ（クバンチン、白紙）

線香の意味
①束線香：神香分～御天うすり、御天七役場うすり、神加那志うすり、ふんし（御墓）、じいち（土地）うすり
②ゴムヒモ巻き（三×八）二十四本香分：解ち香分
③ゴムヒモ巻き（三×五十二）：生き身から神加那志めーんかいぬ万万ぬ御恩の道。
④十五香分・平香二枚：拝んでいる神加那志うすり、三本香分：拝んでいる人の御願の香分、

拝みの順序
①神様への挨拶　②日付と自己紹介　③拝みの目的
・帳簿の線香の上に花米と洗米を置き、ビンスの盃に御酒をついでから御祈りを始める。

二、自宅の火の神

霊拝みのグイス　（出発の時、自宅火の神）

○○市○○丁目○○番、○○号ぬ御屋敷《ウヤシチ》んかい育《スラ》ちぐんかきとうびる寅の男、氏名のうぶん、うぬむしび戌《イン》の女《ウンナ》、二人《タイ》が生《ナ》したてぬ男子《イキガ》供《ングワ》一人《チュイ》、女子《イナグ》供《ングワ》二人《タイ》ぬちねーぬ火の神ぬ御神加那志前うがまってうたびみそうり。二〇〇二年壬午年《ミズノエウマ》・新暦九月十八日・旧暦八月十二日ぬゆかる日《ヒー》まさる日選《イラ》ばびて、自分（るー）いちぶんからウチヤヌク、果実付きぬナンザビンス、クガニビンス御仕立てさびて、中持ち○○さんりぬ御方《ウカタ》んかい手《テー》ひかりやびて、霊《チジ》ぬ拝《ウガ》みしいがいちゃびーぐと火の神ぬ御神加那志前ちから、うたびみそうち助《タシ》きてうたびみそうり。

くびて二十四本ぬ香分し、くぬ寅ぬ男ぬ今《イマ》、中《ナカ》、御先《ウサチ》、神霊《カミチジ》親《ウヤ》ふじ男神《ウトクシン》、女神《ウンナシン》ぬめーぬ、神《カミ》、霊《チジ》、胸《ンニ》、ちとみ、日《ヒー》、月《チチ》、年《ニン》、世《ユー》、星《フシ》ぬ供養《クヨウ》ん解《フト》かちうたびみそうり。御願《ウニゲー》さびら。ウートートー。

＊三つの帳簿に供えてある輪ゴムで縛ってあった三束の二十四本の香分〜三×八〜の輪ゴムを解いて真ん中の帳簿の上に置き、三つの帳簿の線香に御神酒かけて供養を解く。

三、ノロ殿内、根屋

火の神、床神、菩薩様（三組の帳簿）

仏前

①白ウコール（束香付き）一組
②青ウコール（束香は除去する）一組

ノロ殿内での拝みのグイス

今日《チュウ》、旧暦《キュウレキ》ぬ◯◯年◯◯月◯◯日ゆかる日まさる日いらばびて、るーいちぶんからナンザビンス、クガニビンス御仕立てし○○ノロ殿内ぬ神々《カミガミ》ぬめー、うやふじぬめーんかい、御側寄《ウスバユイ》いしちょうやびーせー、○○市○○丁目○○番○○号ぬ御屋敷んかい育ちぐんかきとびる干支の男、氏名のうぶんやいびーん。くりから村々《ムラムラ》ぬ、井戸《カー》、御嶽《ウタキ》ぬ神々ぬ前んかい霊ぬ拝みしーがゆしりていちゃびーぐと、御案内《ゴアンネー》かきてうたびみそうち、ゆりーいただかちうたびみそうり。

さり火の神ぬ御神ぬめー、床神ぬめー、くまぬ仏壇《ブチラン》ぬんかいまちらってめんせーるノロ殿内《ドンチ》ぬうやふじぬめーぬ供養《クヨウ》ん、くびて二十四本ぬ香分し解かちうたびみそうち、んじゃる後生《グソウ》や、後生極楽世《グクラクユー》御願さびら。また、くぬ干支の男ぬ今、中、御先、神霊うやふじ男神、女神がゆしりやびらんたる段《ダン》ぬ道《ミチ》やゆりーいただかちうたびみそうり。御願げーさびら。ウートート。

村根屋では、ノロ殿内とは少し変わる。ノロ殿内は間切の東西南北にだいたい四ケ所しかない。それに対して根屋は各村ごとにある。従って根屋ではその村の井戸、御嶽、の神様への拝みの許しを根屋の神様と御先祖様に乞う事になる。そこの所を気をつければノロ殿内とほとんど同じで良い。

四、親族の供養願い

霊拝みをする時、一ケ所の間切の拝みを終了して他の間切に移る時、中持ちの霊能者の方の神様がすぐ移れるようなことはさせない。必ずと言ってよいほど故人になった親族の供養願いをさせてから次に行く間切を指示する。私の場合、ある間切を終了して他の間切へ移る時必ずそれをさせられた。父親、兄、妹、甥、等読谷村の子ヌ方の六村番と波の上の護国寺まで一人ずつ四日程かけて供養願をした。

従って、霊拝みをする人は供養願いのグイスも是非習得しておかなければならない。それ故、供養願のグイスも書くことにした。最初に実施した父親の事を例示することにした。

供養願のグイス

今日、旧暦ぬ〇〇年〇〇月〇〇日ゆかる日まさる日いらばびて、るーいちぶんからナンザビンス、クガニビンス御仕立てし○○ノロ殿内ぬ神々ぬめー、うやふじぬめーんかい、御側寄いしちょうやびーせー、○○市○○丁目○○番○○号ぬ御屋敷んかい育ちぐんかきとびる干支の男、氏名のうぶんやいびーん。

　くぬ寅の男ぬ父親加那志《イキガヌウヤ》、戦争世《イクサユー》に防衛隊とし伊江島んかいめんそうち、子供達《クワヌチャー》四人と妻《トジ》を残《ヌク》ち三十九歳と言う若さで戦死した無念、残念供養、霊《チジ》んかみとうて神事《カミグト》んしーうさびらんたる残念供養、神、霊、胸、ちとみ、日、月、年、世、星ぬ供養ん、くぬくびて二十四本ぬ香分しふとかちうたびみそうち、んじゃる後生や後生極楽、成仏《ジョウブツ》しみらちうたびみそうち、喜びんあぎらちうたびみそうり。

御願さびら。ウートートー。

私の兄の場合だと、私の自己紹介の後に
くぬ寅ぬ男ぬうみしーじゃ、戌の男○○能分ぬ病気《ヤミキ》供養、若引り《ワカビカリ》さりみそうちゃる無念、残念供養ん、くぬくびて二十四本ぬ香分し解かちうたびみそうち、やみきぬ道や、やな血《ジ》、やな水《ミジ》、いっさい洗い流ちきみそうち、んじゃる後生や、

後生極楽、成仏しみらちうたびみそうち、喜びん上《ア》ぎらちうたびみそうり。御願さびら。ウートートー

五、御恩上ぎ

この拝みは自分の門中、或いは本家の御先祖様に御墓で感謝の祈りをする拝みである。

この拝みはいろいろな御供え物があるので箇条書にして忘れ物がないようにする。

重箱半クン準備（大きめの弁当箱程度で良い）

酒、水、御茶のコップ　仏前用、神前用（合計六個）

ウチカビ　九組

ウモウシ（天地紙とも言う）二枚

この拝みは、霊拝みと同時並行で行われ、少々時間がかかるので、その日の最後に行うことが多い。

御恩上げのグイス（御先祖様へ）

くぬふんしぬ地神《チジン》、荒神《コウジン》ぬ御神ぬめー、くぬふんしんかい祀《マチ》られてめんせーる、こぬ寅ぬ男（女）ぬ○○代ぬ男神（女神）ぬ親ふじぬめーうがまってうたびみそうり。

今日、旧暦ぬ○○年○○月○○日ゆかる日まさる日いらばびて、るーいちぶんからナンザビンス、クガニビンス御仕立てし○○代男（女）神ぬ、めーんかい御側ゆいしちょうやびーせー○○市○○番○○号ぬ御屋敷んかい育ちぐんかきとうびる寅ぬ男、山内昌勝能分なとうやびん。

なまや、くぬ寅ぬ男と、うぬむしび戌の女、二人が生したてぬ男の子供一人、女の子供二人ぬ五人ぬやーぐーなし育ちぐんかきてうやびーん。くぬ寅ぬ男ぬちねーぬしんかぬちやーぬ生まりぬ御恩、育ちぬ御恩とし、くぬ寅ぬ男から十五万貫《マングワン》ぬ三ち四十五万貫ぬうち紙んうさぎてーびーぐと、受け取てうたびみそうち喜びんあぎらちうたびみそうり。またくぬ寅ぬ男ぬ霊親ぬめー○○ぬちねーんかい祀られている○○代霊親

〇〇ぬちねーんかい祀られている〇〇代霊親
〇〇ぬちねーんかい祀られている〇〇代霊親
御先、神霊先祖、男神、女神ぬ段ぬ道やゆりー（御許し）いただかちうたび
みそうり。
ウモウシんあんてうさぎやびーぐと御天《ウテン》ぬんかい昇《ヌブ》みそうち神になみそう
ち、ちねーぬしんかぬちゃーみーまんてうたびみそうり。
御願げさびら。ウートートー。

霊拝みのグイス（自然神・井戸・御嶽・その他の拝所）

さり、〇〇ぬ御神加那志めー拝まれてうたびみそうり。
〇〇市〇〇〇丁目〇〇番、〇〇号ぬ御屋敷んかい育ちぐんかきとうびる寅の男

とうぬむしび戌の女、二人が生したてぬ男子供一人、女子供二人ぬちねーんかい育ちぐんかきとうびる山内昌勝、寅ぬ男やいびーん。二〇〇二年壬午年・新暦九月十八日・旧暦八月十二日ぬゆかる日まさる日選ばびて、自分《ルー》いちぶんからウチヤヌク、果実付きぬナンザビンス、クガニビンス御仕立てさびて、中持ち◯◯さんりぬ御方んかい手ひかりやびて、霊ぬ拝みしいが、ゆしりてちゃびたん。

くぬ寅ぬ男ぬ今、中、御先、神霊親ふじ男神、女神ぬめーぬ

　神、霊、胸、ちとみ、日、月、年、世、星ぬ供養ん解かちうたびみそうり。

また、くぬくびて二十四本ぬ香分し、寅ぬ男ぬ今、中、御先、神霊親ふじ男神女神ぬめーぬ、ふるく、ふるく、古帳ん乞い下ぎらちうたびみそうり。

ふるく、古帳《フルチョウ》（習字紙三枚重ね二つ折り三部重ねの上に、くびて二十四本香分三束置いた帳簿をさげる）

（その後、置かれている帳簿に御神酒をささげてから）

くぬ寅ぬ男から、十二枚ぬ三つの御星《ミフシ》神帳《カミチョウ》、新帳簿《シンチョウブ》上《ア》ぎらちうたびみそうち、ゆりー（御許し）いただかちうたびみそうり。御願さびら。ウートートー。

新帳簿（習字紙十二枚重ね二つ折り。離して三部）

※ここまでが初めの段階のグイスである。座喜味村のエーガーの神様の指示により、次に行く間切からは色橋、白橋を準備するようにと中持ちの霊能者の方を通じて指示があったと告げられる。私は次の伊是名島からは色橋、白橋も持参して行った。

六、色橋のグイス

色橋のグイスは井戸（水）の神、龍宮神、火の神、クボウ御嶽、等々でグイスが違う。最初はこのグイスを記憶するのに苦労した。

それぞれの場所でのグイスを記録しておく。

〈井戸、池等〉

七色《ナナイル》ぬ色《イル》ぬ橋《ハシ》ぬ段ぬ道からや、五湧《イチワ》く、七湧《ナナワ》く、九湧《ククヌワ》く、湧神世《ワクシンユー》まりん橋んかきらちうたびみそうち、御天ぬ湧神世ぬいじゅんぐちぬ御神ぬめーまりん、うといけーうといちじしうたびみそうち、かなみんかきらちうたびみそうち、御天ぬ母神まりんうといちぢあぎらちうたびみそうり。

〈龍宮神の所〉

七色ぬ色ぬ橋ぬ段ぬ道からや、五底《イチスク》、七底《ナナスク》、九底《ククヌスク》、十二ひる、二十四ひる、龍宮底神世《リュウグスクシンユー》まりん橋んかきらちうたびみそうち、御天七宮《ナナミヤ》、七龍宮神《ナナリュウグシン》まりん、うといけーうといちじしうたびみそうち、かなみんかきらちうたびみそうち、御天ぬ母神まりん、うといちじあぎらちうたびみそうり。

〈火の神〉

御天《ウテン》ぬ七火《ナナヒ》ぬ神《カン》ぬ御神ぬめーまりん、うといけーうといちじしうたびみそうち、かなみんかきらちうたびみそうち、御天ぬ母神まりん、うといちじあぎらちうたびみそうり。

〈クボウ御嶽〉

御天ぬ七クボウぬ御嶽ぬめーまりん、うといけーうといちじしうたびみそうち、かなみんかきらちうたびみそうち、御天ぬ母神まりん、うといちじあぎらちうたびみそうり。

〈琉球七御嶽〉

御天ぬ七《ナナ》御嶽《ウタキ》ぬめーまりん、うといけーうといちじしうたびみそうち、かなみんかきらちうたびみそうち、御天ぬ母神まりん、うといちじあぎらちうたびみそうり。

〈天下り軸番〉

御天ぬ天下り軸番ぬ御神ぬめ――まりん、うといけーうといちじしうたびみそうち、かなみんかきらちうたびみそうち、御天ぬ母神まりん、うといちじあぎらちうたびみそうり。

空気神《クウキシン》、軸番《ジクバン》、等々は、天下《アマクダ》り軸番《ジクバン》と同じようなグイスでやればよい。

白橋のグイスは、どの場所でも同じである。

白橋のグイス

白橋《シルハシ》ぬ段ぬ道からや、御天や五橋《イチハシ》、七橋《ナナハシ》、九橋《ククヌハシ》、十二橋《ハシ》、二十四橋《ニジュウユンハシ》、御天底神《スクシン》世《ゆー》の道まりん橋んかきらちうたびみそうち、御天三方《サンポウ》、じいち三方、御天七《ナナ》ぬ三方、じいち七《ナナ》ぬ三方、今、中、御先ぬ神様と、御天や三様《ミサマ》ぬ神様と、御天七役場《ナナヤクバ》ぬ御《ウ》天長老《テンチョウロウ》からと御天世《ユ》ぬ主《ヌシ》からぬ、ゆりー（御許し）んいただかちうたびみそうり。

※この色橋、白橋のグイスは、これからも色々帳簿は増えていくが、どの拝所でも最後の

〆のグイスである。他のグイスは殆んど簡単だから、ここのグイスだけは努力して早めに覚えたほうがよい。

七、帳簿の作り方とグイス

嶽帳

習字紙を、五枚重ね二つ折り、七枚重ね二つ折り、九枚重ね二つ折り、一部ずつを重ねて持参し、拝所では開いて扇形に半重ねにして御供えする。

御神加那志めー嶽帳んうさぎてーびーぐと、うきとてうたびみそうり。

七世ぬ帳簿

習字紙七枚重ね二つ折り、七部重ねて持参する。拝所では広げて半重ねにし、扇形にして御供えする。この帳簿は権現番（ガマ）だけで御供えする。

七世ぬ御神加那志めー七世ぬ帳簿んうさぎてやびーぐと、うきとてうたびみそうり。

三十六帳簿

習字紙三十六枚重ね二つ折りを、さらに二つに折って、三部重ねて持参する。拝所では広げて半重ねにし、扇形にして御供えする。この帳簿は時代の古い拝所で御供えする。

三十六帳簿のグイス（今、中、御先に分かれる）

今《イナ》が世《ユー》ぬ三十六枚ぬ白紙御帳簿や、今《イマ》が世三天《ユーミテン》、御天じいち、中《ナカ》三天ぬ道理《ドウリ》
とあてらちうたびみそうり、
中《ナカ》が世《ユー》ぬ三十六枚ぬ白紙御帳簿や、中が世三天、御天じいち、中三天ぬ道理
とあてらちうたびみそうり、
先《サチ》が世《ユー》の三十六枚ぬ白紙御帳簿や、先が世三天、御天じいち、中三天ぬ道理

とあてらちうたびみそうり、
百八枚の白紙御帳簿や、今が世三天、中が世三天、先が世三天ぬ道理とあてらちうたびみそうり。
生《イ》ちみ人間《ニンジン》や百八ぬ煩悩《ボンノウ》んあいびーしが、悪欲《アクユク》ん捨《シ》てて、やな肝《ジム》んむたんぐと、神心《カミグクル》なてちばていけーやーんで思《ウム》てうやびーぐと、まくとぬくと、ならーちきみそうり。

A天下り軸番での天地紙のグイス

天下り軸番ぬ御神がなしーめー、御天まりん軸ん立てらちうたびみそうち、くぬ寅ぬ男ぬ今、中、御先、神霊親ふじ男神、女神ぬめーんかい御力んからちうたびみそうち、御天ぬ神番《カミバン》まりん昇《ヌブ》らちうたびみそうち、喜びん上ぎらちうたびみそうり。

轟きの滝、比地の滝、喜如嘉の滝でのグイス

御天や、五御門、七御門、十二御門、また御天御門（うてんうじょう）、あきらちうたびみそうり。

※グイスはなるべく方言で書くように心がけた。かた仮名よりひら仮名の方が読みやすいと思って、ひら仮名を多用した。いずれにしても表現が難しくて、難儀した割に今の若い人には理解に苦しむ部分も多いと思うが、その点御勘弁頂きたい。終わりにグイスを国番の龍宮神について例示しておこう。

国番ほどの大きい龍宮神のグイス。

さり、○○ぬ御神加那志めー拝まってうたびみそうり。
○○市○○丁目○○番、○○号ぬ御屋敷んかい育ちぐんかきとうびる寅の男、山内昌勝のうぶんなとうやびーん。

二〇〇二年壬午年・新暦九月十八日・旧暦八月十二日ぬゆかる日まさる日選ばびて、自分《ルー》いちぶんからウチヤヌク、果実付きぬナンザビンス、クガニビンス御仕立てさびて、中持ち〇〇さんりぬ御方んかい手ひかりやびて、霊ぬ拝みしいが、ゆしりてちゃびたん。

くぬ寅ぬ男ぬ今、中、御先、神霊親ふじ男神、女神ぬめーぬ

（ここに、自分の霊親が祀られている住所と、〇〇代男〈女〉神が入る。男女、人数を問わない。）

神、霊、胸、ちとみ、日、月、年、世、星ぬ供養ん解かちうたびみそうち、また、くぬくびて二十四本ぬ香分し、寅ぬ男ぬ今、中、御先、神霊親ふじ男神女神ぬめーぬふるく、古帳ん乞い下ぎらちうたびみそうり。

（ふるく、古帳習字紙三枚重ね二つ折り三部重ねの上に、くびて二十四本香分三束置いた帳簿を頭上かざしてから、下げる。その後、置かれている帳簿に御神酒をささげてから）

くぬ寅ぬ男から、十二枚ぬ三つの御星神帳、新帳簿上ぎらちうたびみそうち、ゆりー（御許し）いただかちうたびみそうり。御願さびら。ウートートー。

〇〇龍宮神ぬ御神加那志めー御嶽帳簿んうさぎてーびーぐと、うきとてうた

びみそうり。
三十六枚ぬ三ちぬ白紙御帳簿や、
今が世ぬ三十六枚ぬ白紙御帳簿や、　今が世三天、　御天じぃち、　中三天ぬ道理
とあてらちうたびみそうり、
中が世ぬ三十六枚ぬ白紙御帳簿や、　中が世三天、　御天じぃち、　中三天ぬ道理
とあてらちうたびみそうり、
先が世の三十六枚ぬ白紙御帳簿や、　先が世三天、、　御天じぃち、　中三天ぬ道理
とあてらちうたびみそうり、
百八枚の白紙御帳簿や、　今が世三天、　中が世三天、　先が世三天ぬ道理とあてら
ちうたびみそうり。
生ちみ人間や百八ぬ煩悩んあぃびーしが、　悪欲ん捨てて、やな肝んむたんぐと、
神心なてちばて、　いちやびーぐと、　まくとぬくと、　ならーちきみそうり。
七色ぬ色ぬ橋ぬ段ぬ道からや、　五底、　七底、　九底、　十二ひる、　二十四ひる、
龍宮底神世まりん橋んかきらちうたびみそうち、　御天七宮、　七龍宮ぬ御神加那

志めーまりん、うといけーうといちじしうたびみそうち、かなみんかきらちう
たびみそうち、御天ぬ母神まりん、うといちじあぎらちうたびみそうり。

白橋ぬ段ぬ道からや、御天や五橋、七橋、九橋、十二橋、二十四橋、
御天底神世の道まりん橋んかきらちうたびみそうち、御天三方、じいち三方、
御天七ぬ三方、土地《じいち》七ぬ三方、今、中、御先ぬ神様と、御天や三様ぬ神様と、
御天七役場ぬ御天長老からと御天世ぬぬしからぬ、ゆりー（御許し）んいただ
かちうたびみそうり。

霊親という御先祖は、男性にも女の霊親がいるし、男の霊親もいる。また、男女数名ずつの霊親がいる人もいる。女の霊能者で霊親が男性の人は、現生の男性を受け付けないと言われている。しかも普通の男性の内縁の妻になったりすると、その霊能者の霊能力は消失すると言われている。

第七章　霊拝みを終えて

一、仏界と人間社会の仲介者的役割

霊拝みとは「霊能者（ユタ）になる為の修行の拝み」と書いたように、まとめはおのずと、霊能者について私なりの解釈を書くことになる。私が思うに「沖縄県の霊能者（ユタ）とは、神界、仏界及び幽界と人間社会とのトラブルの仲介者」という視点を持っている。

自分自身の一例を紹介しよう。私達の青春期は、俗に言うアメリカ世である。私は戦争遺児で終戦直後は、今日、明日を生き延びるために家族全員が一致協力して食料の確保のため奔走した。将来の夢、希望など考えている暇などなかった。マスメディアが発達してテレビを通じて他国の極貧の生活をしている子供たちの様子を見るにつけ自分の子供の時の様子と重なって、「前向きに頑張れ！　いつかきっと幸せになる日が来るぞ！」と激励していた。

私は昭和十三年生、兄は四歳年上の昭和九年生である。食べ物がなくて、兄は母、私、妹二人の五人家族を養うために父親代わりの役目も果たさねばならなかった。その為に兄は、義務教育も中学一年までしか受けていない。中学二年生の年齢からは、私達家族を養うために米軍キャンプでハウス・ボーイとして働き、生活の糧を得ていた。

そのような時代背景だったので、中学卒業と同時に私もガーデン・ボーイとか土木作業をして家計を助けていた。戦後の混沌とした世の中だったので秩序というのは皆無と言ってもいいほどだった。

私は、読谷から北中城村瑞慶覧までバス通勤で、ベトナム戦争の軍事用車両の駐車場工事の建設の為の要員として、三ヶ月土木作業に従事して働いた事があった。土木作業請負師は悪質業者が多く、私たちが働いていた現場監督もその類だった。私と友人は、弁当持参でバス通勤して三ヶ月働いて、給料は一円も貰えずに無駄働きさせられた経験もある。

中学卒業後の二年目、私は宇座部落の用務員に選出された。一九五五年四月の事である。私は無駄働きさせられた経験から若年ながら人生設計を考えるようになっていた。幸い事務所の近所に私より一歳下の高校一年生の友人がいた。彼は学問が好きで高等学校の同学年でも五本の指に入る程の成績優秀者だった。彼は夕方、一対一で私に英語と数学を教えてくれた。おかげでその年の暮れ頃までには英語と因数分解は高校一年程度のレベルまではマスター出来た。彼に刺激されて私は学問に目覚めた。やれば出来るという自信が持てるようになった。そして私は高校に行こうと決意する。

翌年の三月、高校受験して運よく合格できた。それからは学問に集中した。当時高校生向けの月刊誌『螢雪時代』で話題となった「四当五落」という言葉は大学受験希望高校生の流行語だった。私もそこまでは徹底出来なかったが、とにかく勉強に集中した。お陰で高校三年間の英語の平均点は九十八点だった。その甲斐あって、琉大合格後英語の奨学生候補に挙がり、候補者証を頂いた。しかし、面接の結果不合格になった。

なぜこのような事を書いたかと言うと、私が霊拝みを始めた初日、最初に行った井戸の神様が霊能者の口を通じてその事を語ったからである。その霊能者が言うには「君は、琉大合格した時、奨学生候補に挙がったらしいね。B5判程の用紙に、上は黒字の英語で、下の方に赤字で日本語が書かれた証書だったらしいね。君を合格させるとアメリカに行って帰ってこないから、わざと不合格にしたと神様が言って居られるよ」

私はそれを聞いて驚愕した。この事は私しか知らないまぎれもない事実である。このような事を人間の宿命と言うのだろうか。

二、沖縄の霊能者に対する語彙

沖縄での霊能者についての評価は、極端に分かれている。普通の人はそれらの人を総称してユタと呼ぶのがほとんどである。「ユタが嘘つくのと、犬が人間の糞を喰うのは直せない」という言葉と、「人間の病気（ヤンメー）や、医者半分、ユタ半分ルヤンドー」という二つの言葉に象徴されるように一般社会では「ユタ」に対する評価は極端に二分極している。

私は後半の言葉に賛同する者である。高橋恵子著『沖縄の御願ことば辞典』にあるように、本来は、「宗教的職能者」と呼ばれるべき霊能者たちを「ユタ」と総称していること自体、沖縄の宗教的職能者に対する認識の甘さがうかがえる。『沖縄の御願ことば辞典』に記載されている宗教的霊能者に対する語彙を例示すると、ユーユタ、シンマユタ、ナライユタ、ユタグワーシー、ユタマンチ、………イーバンンージャー等々三十種類ほどに分類されている。

私は先輩たちから宗教的職能者のことを「ユタ」と呼ぶ事に慣れているので間違いを承

知でその呼び方を使っている。この年になるまで明治生まれの伯父、伯母、母親たちのお伴をして多くのユタの所に習いに行ったが、その経験から思うのは、そのユタの霊能力を見定めて習いに行かないと大変な間違いを犯すことになるということである。習いに行く方もそのユタの霊能力をある程度知った上で相談に行かなければならないと思う。

自分が的を外せば当たらないのは当然の帰結である。普通の人間にも詐欺師がいるように、ユタもまた金儲けをしないと生計が成り立たないので、自分の能力を超えることでも「出来る」と意地を張る人が居るのもまた当たり前のことである。

世間でよく言われるように「ユタヌ、ウヮーナイ」という言葉もまた当を得ている。彼、彼女達は普通の人が持っていない霊能力を持っているから、自分の能力を過信する事もまた弱い人間の習性である。我々普通人もまた忘れてはいけない教訓である。私自身中持ちの霊能者の限界を知らずに、補充の拝みをする過失を犯した。

『沖縄の御願ことば辞典』を調べていると、ウヤガミ、中持ち、ユタの霊能力を兼ね備えた霊能者もいるような気がする。私が依頼した霊能者は、これらの霊能力を供えている気がした。神仏との対話が出来、拝所の場所も知っていて案内してくれたからである。ただ私が初めての依頼者だったと言うこともあって、未熟な部分もあったこともまた事実である。最初に首里四チンを拝んで回った時に首里城の竜樋の神様が、私には首里の中四チンも大切な拝所だから必ず拝みに行くように教えて下さったけれども、私が第二尚家初代尚円王の王位に就く以前の子供の子孫である事には気づく事は出来なかったようである。

補充の拝みの為に頼んだ霊能者の方も園比屋武御嶽の神様が松山御殿と「さしかさ」御カーと教えられた時、私に向かって松山御殿と「さしかさ」御カーと君は何の関係があるか、君はその場所を知っているのかと問い返された。私も知らなかったので首里出身の琉大の同期生に頼んで、首里の長老の方達に聞き取りをして貰ってやっと探し出すことが出来た。

「さしかさ」御カーは松山御殿の敷地内にあって、首里城の竜樋が竜の口から水が流れているのに対して、石像の虎の口から水が流れている構造になっている。私にとって大切な場所とはここだと気づき後日拝みに行った。

このような事を考えると補充のために頼んだ霊能者との出会いもまた必然の流れだったように思う。それでもまだ一カ所神様から教えられているけれども確認出来てない場所がある。それは「からやちぢ」と言う所である。今のところこの場所を捜すのが私の課題である。前記のことからもわかるように霊拝みの案内人は、神様と対話できる霊能者でないと務まらない。

霊能者に関して詳しく知りたい方は、『沖縄の御願ことば辞典』を参照していただきたい。

三、拝所について

拝所は各人各様違う

霊拝みはまず自分の自宅の火の神から出発して、実家の火の神、仏前と進めていく。それから両親の実家の火の神、仏前と進み父方、母方の門中の両方の中元、大元と上代の方へと進めていく。

御墓の拝みも実家の御墓から順次上代の方へと進めていくが、御墓では餅重箱、オカズ重箱半クン供えないといけないから、拝殿と御墓は別々の日に拝むのが普通である。理由は御墓を拝む時には、御墓ごとにウチジヘーシ（重箱の御馳走を一個ずつ変える）して拝むし、重箱も重いから面倒である。

その次に自分の出身地、居住地の市町村（間切）の拝所へと進めていく。その後も中持ちの神様の指示に従って父親の門中の御先祖がお世話になった按司の城の拝所、城がある間切の拝所と拝みは進んでいく。

その意味からすると沖縄の多くの地域で行われている男系の相続制度がその基本になっているように思う。すなわち、沖縄の門中制度が祖先崇拝の基盤になっている。霊拝みは自分のルーツをたどっていく拝みでもある。その事に興味がある人にとって、金はかかるけれども、探求してみたい気持ちになる。私は門中の事に関心があるので、門中の先輩たちが話していた伝説、中持を仲介して語って下さる話に興奮しながら耳を傾けている。神様は私だけしか知らない話をよく語って下さるからである。私達楊姓門中の始祖は山内昌信親方である。その父親が王位に就く以前の第二尚家初代尚円王であると伝えられている。

ここで、青山洋二著『おきなわ村の伝説』にある「義本王物語」を紹介しょう。一二五九年、義本王は、王位を英祖に譲ったあと行方不明になった。（中略）義本王は、国頭間切辺戸に逃げてかくれた。山中に侘び住まいをしている間に辺戸ノロと契り、男の子が生まれた。

だが義本王は「それは自分の子ではない、他人と密通して出来た子だ」と言い張り、「浜辺に連れて行って殺せ」と命じた。

ノロと家臣は泣く泣く赤子を浜辺に連れて行った。しかし殺しはしないで、赤塗りした桶に入れ、蓋をして水が入らないようにし、「どなたか徳のある人が救ってくださるように」天地の神様に祈って海に流した。ノロたちは自分の剣に鶏の血を塗り、赤子を殺したかのように見せた。赤子の入った桶は波に揺られて伊是名島に流れ着いた。伊是名諸見村の一漁師が桶を発見、家に持ち帰って赤子を大事に育てた。その子が成長して後年、尚円王になったという。

義本王の誕生は一二〇五年で、時代考証すると、尚円王の誕生は一四一五年だから明らかに矛盾がある。しかし尚円王の出身地は諸見村である。義本王の子は尚円王の先祖だったと考えると伝説もまた面白い。

もう一つ。私が霊拝みを始めたムンヌカーについても義本王にまつわる伝説がある。「義本王が船旅をしていると、しけにあって漂流していた時、命からがら漂着したのが残波岬東側の崖下だった。のどが渇いて水を捜しているとたまたま崖下の場所から水がわき出ていた。義本王はその水を飲んでやっと落ち着き「ナマル、ムヌン、ウマーリサ」と言ったことから「ムンヌカー」と言う名前が着いたという伝説がある。

もう一つ。楊姓門中の本家沖縄市山内村名嘉殿内の墓地に樽金大舜と言う方の御墓がある。この方は源為朝公と今帰仁王の娘との間に誕生した子供であると伝えられている。すなわち舜天王様と異母兄弟だと言われている。現在も楊姓門中の子孫が丁重に弔っている。

仲順村の部落内に舜天王、舜馬順熙、義本王、仲順大主を祀った御宮がある。喜舎場と仲順の間の道路上方三叉路の丘の所に舜天王統の墓がある。その墓陵に霊拝みに行った時のことである。墓陵に祀られている御先祖様が門中の拝殿の事で中持を通じて私にしか解からない事を御教示して下さった。その事からすると私達楊姓門中の源為朝公との間になんらかのつながりがあるのかも知れないと思った。

長々と、おかど違いの事を書いたが、霊拝みの拝所は門中の先祖の足跡をたどっているような感じがした。だから個々人霊拝みの拝所は違うような気がする。干支の方向の拝所も十二の方向に区分される。

霊拝みの順序

霊拝みの順序は次のようなものである。

1、自分の出生地の井戸、御嶽の神様。

2、次に自分の居住地の井戸、御嶽の神様。

3、自分の父方、母方の実家の仏前から両方の門中の旧暦五月十五日のウマチーに拝んでいる拝殿。

4、両親の両方の門中が清明祭の時に拝んでいる御墓。

5、自分の出生地の間切(出身村)拝所を中持ちの霊能者の神様の指示に従って拝む。

4までは祖先崇拝という表現で説明がつく。5からは祖先崇拝では説明できない気がする。

次の場所に移る時は、中持ちの霊能者の人が、その人が祀ってある神様に指示を仰いで、神様の指示に従って次の場所を決めて行く。場所を移す時には、だいたい故人になった自分の身内の供養願いの頼みが入ってくる。その時、頼まれた身内の供養願を終了しないと、次の霊拝みの場所を教えて下さらない。供養願いの拝所は、出身村の拝所と那覇市波上の護国寺である。

　身内の人の供養願を終えてから、中持ちの霊能者の神様に伺いを立てると次の行くべき場所（間切、村名）を教えて下さる。そのような事を繰り返しながら、霊拝みは進行していく。

仏教との絡み

　霊拝みをする人は、毎年一月の十日～二十日にかけて年頭の拝みを済ませる。その拝所が出身地、居住地の井戸、御嶽、首里の十二ヶ所の拝みである。

　首里の十二ヶ所の神様は、一九九〇年頃は、観音堂（子、丑、寅、午）、万松院（卯、辰、巳）、安国寺（酉）、達磨寺（戌、亥）、盛光寺（未、申）の五カ所だったが、二〇〇〇年頃からは、万松院が観音堂に統合されて、観音堂には（子、丑、寅、卯、辰、巳、午）の干支の神様が祀られている。これら十二支の干支の神様は、仏教系の神様である。琉球七観音堂、琉球八社の神様も仏教系の神様である。また、これらの観音堂、神社のほとんどに、クサイの井戸神と言って同じ敷地内に井戸が対になって存在する。

権現番（ガマ）

拝所にはガマが随所にある。このガマにもクサイの井戸神がガマの内か、その近くに井戸が対になってある。

この事実からすると拝所になっているガマは、古代人の住居跡の様な気がする。この事は沖縄の民間信仰と言われている祖先崇拝の根拠を裏付ける事として解釈出来るように思われる。また、随所の拝所にある、男神、女神、母神、ビジュル（女性の陰部と言う意味らしい）神等々、拝所は人間に関する言葉が占める割合は大きく、これもまた祖先崇拝に結びつくように思う。

自然神

御天御日神加那志、御月十五夜ヌ神加那志、龍宮神、土地ヌ神加那志、竜神、風・空気神、天下り軸番の神等々、祖先崇拝と結びつかない神々の拝所も拝んだ。神様は、宗教的にはあまり耳にしない神様である。これらの神々は宗教的哲学的な論理を持たない民間宗教の特徴なのだろうか。疑問のつきない分野である。

共通と思われる霊拝みの拝所

①今帰仁の拝所

ここの拝所は時代的にずいぶん古い時代にさかのぼる。素人には馴染みのない裸世の時代にまでさかのぼるようである。天体子世、天god子世等聞きなれない大昔の時代まで遡るようである。実際碑文にそのような言葉が残っている。

②卯ヌ方四間切（玉城村、知念村、佐敷村、大里村）

三穂田の言葉に象徴されるように、稲作時代の始まりの時代にさかのぼる。しかし、ここは舜天王朝以前、豪族天孫子一族が全琉球を二十五世の長きにわたり支配していた時代に栄えた地域ではないだろうか。久高島、斎場御嶽等、第二尚王朝の聞得大君の御新下り等の名高い拝所もある。

③国四チン

琉球の東西南北すなわち、
北：子ヌ方番（宜名真、辺土）
東：卯ヌ方番（浜比嘉、屋部地、屋慶名）
南：午ヌ方番（糸満市の大度）
西：酉ヌ方番（瀬長島）
中軸番（普天間神宮北側、米軍基地内）

④琉球開闢七御嶽
安須森ヌ御嶽、斎場御嶽、今帰仁ヌ御嶽、ヤブサツヌ御嶽、天露雨露ヌ御嶽（玉城城跡内）、久高クボウ御嶽、首里森・真玉森ヌ御嶽（首里城内）

⑤琉球七クボウ御嶽
伊平屋クボウ御嶽、今帰仁クボウ御嶽、安須森ヌ御嶽（国頭クボウ御嶽）、知念クボウ御嶽（知念城跡内）、天久クボウ御嶽、久高クボウ御嶽、慶良間クボウ御嶽（瀬長島の龍宮神から

通し香分で拝む）

⑥琉球三滝
神界への入り口として、比地大滝クサイ火の神、比地大滝クサイ御宮、比地大滝、喜如嘉の滝（七滝）、轟きの滝（御先七御水）

⑦琉球三権現番
南山兼城権現番、中山普天間権現番、北山部間権現番の神様を拝まないと、床神、霊神様は御仕立て出来ないと言われている。

四、神様御仕立て後の義務

まず御披露目をしなければならい。御披露目とは、自分が神様を御仕立てした報告をし、神々に「これからは私に霊能力の御力を下さい」と神様に祈願に行くことである。この行事を行うにも幾つかの制約がある。家族に不幸があったら三年未満はしてはいけない。自分の干支の前厄、干支の年、後厄が終了するまでは実施できない。御披露目をする順序は次の通りである。

①首里の十二ヶ所。

②自分の出身地、居住地の井戸及び御嶽の拝み。

③琉球七観音堂及びクサイ井戸。

④琉球八社の神様及びクサイの井戸。

クサイの井戸は霊能者によって拝ます人と拝まさない人がいる。その良し悪しは霊能者の判断だから私にはわからない。

琉球八社についてはいろいろな資料に掲載されているのでここでは割愛する。琉球七観音堂についてはは霊能者の方達でも自信を持って言えるのは少ないように思う。沖縄の南部より①奥武観音堂②普天間観音堂（神宮寺）③喜名観音堂④嘉手刈観音堂⑤金武観音堂⑥久志観音堂⑦屋部観音堂の拝所である。特に普天間観音堂について知らない人が多いようである。住職さんの話では第一尚氏王朝の尚泰久王（一四五四〜六一年）の勅願により住民の祈願所として建立されたと言う説と、中城城主護佐丸が勝連城主阿痲和利に滅ぼされた際に、城の廃材を当地に運び、その菩提を弔うために当寺が建てられたとも言われているらしい。

琉球八社と琉球七観音堂は床神様、観音様、守護霊様を御仕立てするとき、霊拝みをする人皆が必ず行く場所なので、拝所の写真をこの本の巻末に掲載して置く。

五、その後の年中行事

①毎年自分の出身地、居住地の、井戸、御嶽、また首里の十二ヶ所に一月に年頭拝み、十二月にカフーシ願ゲーを実施する。
②二月、八月、十二月の三回屋敷拝みを実施する。
③毎月旧暦の朔日、十五日には火の神、床の間、神棚を清め、花米、塩、お酒を変えて、ウブクと果実を供えて、花米と洗米を供えたビンシーでウマチーを実施する。
④次の月日には、神様のお祝いと言って、赤ウブク、オカズ、赤マンジュウを供え、ウチ

ヤヌク、果実付きビンシーを御仕立てして神様のお祝いをする。

二月十八日、三月三日、五月十八日、六月十八日、八月十五日、九月九日、九月十八日

⑤旧暦十二月二十四日にも④の様に馳走を供えて、火の神様を天にお送りする。

⑥新正月、旧正月にも鏡モチ、炭と昆布、赤紙、赤ウブク、オカズ、アカマンジュウを供えて、ウチャヌク、果実付きビンシーを御仕立てして、お正月を祝う。

注　人によってチジ（霊）が開く時期は違う様である。今実行しているこれを書く事が私の第一の課題であるし、他にも課題が二つある。従って神様と対話するなど私にはまだ不可能な事は言うまでもない。

六、私がこれを書く本当の理由

私は沖縄の人たちが病気の時、特に精神障害を起こした時現代医学のみに頼るのを危惧している。沖縄の先人達が「ヤンメーヤ、医者半分、ユタ半分ルヤンドー」と言い残した

言葉が私には身にしみているからである。昔から言い古されている「類は友を呼ぶ」の言葉通り、私をよく知っている人たちは、特に子供の事で良く相談に来る。また、先祖の憑依について語ってくれる。ある女の子は素っ裸で仰向けに平気で道路に寝そべっていた子が、霊拝みをしたらすっかり回復して、今は普通の子になって頑張っている。

また霊能者の人に、「君は霊高生まれしているから霊拝みをしなさい」と言われていたある人は、子供を育てるために重い体を引きずって仕事を続けていた。ある日仕事中突然体が軽くなった。喜び勇んで家に帰ると息子がうずくまっている。不思議に思って霊能者の所に習いに行ったら、君は頼んでもやらないから息子に頼むことにしたという答え。それ以来、息子は元気がなくなり仕事も出来なくなった。今では親として後悔しているが、後の祭りである。

私も恥ずかしくて出来たら逃げたいと思っていたが、「君がやらなかったら子供に霊下りさせる」と言われて、実施に踏み切ったのが事実である。私と同じ境遇の人、子供の為と思ったら少々の恥ずかしさは乗り越えられない壁ではないと思う。是非子供の為に頑張ってほしい。

七、床神について

日本本土では床の掛け軸は装飾品の様である。春、夏、秋、冬の四季の移り変わりによって床の掛け軸も替えている家庭が、特に裕福な家庭に多く見られるようである。しかし、沖縄では床の掛け軸はその家庭、特に男子の家系の神様と言われている。

床の掛け軸を簡単に異種の掛け軸に替えると男系が断絶すると言われている。すなわち、床の掛け軸は装飾品ではなく男子の神様である。皆さんは自分の門中の拝殿の床の掛け軸に注目した事があるだろうか。拝殿の掛け軸は古くなっても、新しい異種の掛け軸に替えてはいけないし、同種の掛け軸に替えるにしても簡単替えることは出来ない。神様に変替える理由を述べて、拝みを入れて納得してもらってから古い掛け軸は、神宮に奉納する。その後、新しい掛け軸の神上げのお祝いをしてから新しい掛け軸を床神として祀っていくのである。

これ以上の事は私自身知識不足なので書くのは遠慮する。私が言いたいのは、沖縄では床の掛け軸は装飾品として鑑賞するものではなく、床神、すなわち男系の神様であられるという認識を持たなければならないと言うことである。

八、沖縄の民間信仰の位置づけ

沖縄の民間信仰は祖先崇拝であるとよく耳にする。その言葉通り、根幹をなすものは祖先崇拝である。しかしそれだけでは十分では無いように思う。私が霊拝みの為に参拝した拝所を振り返って見ると首里十二ヶ所、七観音堂、八カ所の新宮（八社）の神様は仏教系の神様である。祖先という言葉から連想される拝所としては、門中の拝殿、御墓である。権現番と言う拝所は、すなわちガマは必ず井戸と対になっているので大昔の御先祖の住居跡と考える事が出来るので祖先につながる。

しかし龍宮神、すなわちニライカナイの神様とか、御天や三様ヌ神様と御天七役場ヌ御天長老、御天ヌ母神、御天世の主ヌ神様、十二支ヌ御星ヌ神様等、宇宙すなわち自然そのものが神様である。また軸番、何々御嶽等は祖先と結びつく理由は良くわからない。天下り軸番と言われている拝所は、天から神様が降臨された場所だと霊能者の方に教えられた。

このような拝所も祖先とは直接には結びつかない。

また床神、すなわち床の掛け軸をその家庭の男子の神様であるという考え方である。掛け軸を描く霊（チジ）を持っている霊能者の方の説明によると、この考え方は道教を宗教としている台湾では普通の考え方らしい。すなわち南方から伝来した思想らしい。その人の話では台湾では現在でも道教が主流で、道教の寺院が多数あるらしい。

坂出祥伸著『道教とはなにか』の書物によると中国には、仏教、儒教、道教、キリスト教、イスラム教等多くの宗教があるらしい。仏教、キリスト教、イスラム教、等には宗教の哲理があるそうである。それに対して道教は、中国思想に共通する、目に見えない「気」という存在に根拠を置き、そこから天地万物が生成展開する。特徴的なのは気を抑えるのではなく、気を開放させる点にある。一言でいうと道教は「気の宗教」と言ってよい。創唱者として老子を持ち出す人もいる。しかし老子はそもそも実在した人かどうか疑わしいらしい。道教では老子その人が気の化身と考えられているようである。呪言、呪符、煉丹術、医薬、気功等多枝の分野に分かれているが、哲理がないゆえに民間信仰の域を出る事が出来ないようである。しかもその信者は数が多く、共産党員をしのぐが故に、中国では政治的弾圧が強く、密教的な存在になっているらしい。

　このように考えると、祖先崇拝は、中国の道教を基盤にして、仏教、儒教等の宗教と沖縄独特のものが融合して現在の沖縄の民間信仰が出来上がったのだろう。

そのように考えると、沖縄の民間信仰、すなわち祖先崇拝もまたチャンプルーの文化である。

九、霊拝みの帳簿について

　霊能者の帳簿は、その人本人のチジガミ（霊神）様から頂くものらしい。私も三名の霊能者の方々に神帳、ミレーシ、ウチカビ、線香の本数等教えてもらって霊拝みをしたが、それぞれ皆違う。従って拝みの時に供える帳簿は、自分が頼む霊能者の指示に従えばよい。私は彼女達の帳簿も知っているし、私自身の帳簿もあるはずだが、帳簿は自分の霊神様から頂いた物でないと御祈りは通じないらしい。従って自分の帳簿は霊拝みをしないと確定しないと言うことである。私は今も自分の帳簿を知らない。

十、私にお告げをする拝所

霊拝みをする人には、お告げをする拝所には偏りがあるらしい。私の場合は、拝みの入り口がムンヌカー（湧泉）であり、字宇座の西井戸、アガリガー、でお告げを受けた。

また、自分が今居住している沖縄市大里区の拝所、ウブガーを間違えて隣部落の東桃原のウブガーを拝んだ時も、大里区のウブガーの神様から「どうして君は一番大切な所に来ないのか」と請求が来たので、大里区の役員に場所を聞いて改めて拝みに行った。

ある時、同区のアガリガーからも同様に請求が来たので、独断で泡瀬の毛ヌカーに拝みに行ったが再度請求が来た。私は大里区の拝所の資料も見たがアガリガーは見つからなかったのでそのままにしていた。そのような中で、大里区の文化財の掘り起こしをするということになった。区役員が霊能者を伴って拝所めぐりをした時に私も同伴した。その時に、アガリガーに来た時に私は霊能者の方に呼び出されて、「天から弁財天の神様が降りて来られて、君の霊神様は「雨水流神」と言って居られる。君にはこの場所は大切な拝所だから、自分一人で拝みに来るようにとのお告げがある」と告げられた。私は日を改めて自分一人で拝みに行った。

繰り返し書くのは割愛するが、霊拝みをしている最中も、私に教え導いた神様もほとんど井戸の神様だったことを覚えている。玉城城跡で他人の拝みの案内をしていた男の霊能者が私に向かって「君はこの城の井戸だけ拝めば良いよ」と言って居られたのを印象深く思い出された。やはり私は池、泉、井戸、川、すなわち水の神様との関係が深いらしい。私の知人は龍宮神がいろいろ教えて下さると言っていたが、彼の主張が納得できる。やはり自然は神様なんだということが、確信できるようになった。

十一、天知る、地知る、我知る

沖縄県人でも霊能者の所に先祖のこと、風水等を習いに行かない人は、「ユタは嘘をつく」という言い方をする。そのような言い方をする人達に限って先祖のこと、風水のこと等について無関心で知らない人が多い。自分が知らないことを霊能者の方に指摘されたからといって、その事を嘘と言うのは矛盾である。知らない事はあくまでもその人にとって未知のことであって、嘘ではない。

私は十代の時から伯父、伯母、母達の道案内をして沖縄県の中部周辺の霊能者の家によく通った。その時に霊能者に指摘されたように結局私は霊拝みを実施することになった。

先だってアメリカの哲学者であるハーバード大学教授マイケル・サンデル氏という方のアメリカ、中国、韓国、日本の大学生達との国際討論会をテレビで見た。討論会の内容は別として、その番組の中で大変印象に残った言葉がある。「無知の知」という言葉である。マイケル・サンデル氏の説明によれば「人間は『知らないことは、知らない』と認識することが出来る人は賢者であり、知らないことを、知っているように誤解する人は、愚者である」と言っておられたことが脳裏に残っている。すなわち、「自分が知らないことは、知らない」と認めることが、人間として非常に大切であると言う意味である。

文明社会に生きていて、現代科学の恩恵にひたっている人達は、科学は万能であるかのように錯覚している人が多いように思う。しかし、科学では説明できないようなことも数多く起こっている。全盲の人が、何故絵が描けるのか。宇宙がどのようにして誕生したのか、東日本大地震程の地震は、次は地球上の何処で起こるのか等、いまだに解明できないのは、いくらでもある。

私は霊拝みをしていて、「神様は私の運命を予知していたのではないか」と思われることによく遭遇した。私の人生で起こったことを霊能者の口を通じてよく教えてくださった。交通事故のこと、拝みの最中に頭が痛みだした理由等、数え上げればきりがない。しかし、俗に言う「先祖のたたり」などと言われるようなことは経験したことはない。ただ、何かを教えたいようなときには、体のどこかに痛みを感ずるから気が付いた。テレビに出てくる平安時代の陰陽師のように悪霊が憑依するとかというのは、経験がないのでよくは知らない。キリスト教のエクソシストもまた然りである。しかし、私にはそのような霊的な現象を否定することはできない。

私が思うに来世は現世の生活習慣と深く関係していて、霊魂のみの世界が来世のような気がする。したがって現世で神様が許せないようなことをすると、そのことを神様が許してくださるように神様にお願いしてくれるよう子孫に頼むのが、沖縄の祖先崇拝の民間信仰のような気がする。ここで言いたいのは、現世の生きている人間どうしでは秘め事は存在するが、神様には秘め事は通用しなということである。神様の前では心が丸裸にされるということである。自分のしたことは、良かれ悪しかれ必ず子孫に引き継がれていくような気がする。心して現世を生き抜きたいものである。

十二、霊拝みを終えるに当たり

私は、このレポートを書くために原稿を見てもらったところ、友人から「文章だけでは読みづらいから拝所の写真をところどころ挿入したらどうか」と勧められた。私も賛同して、世界遺産にも登録されている城跡等に写真撮影に行った。観光地としても有名になっている今帰仁城跡や辺戸の大石林山まで出かけて名所を撮影してきた。すると、頭がぼーっとして不眠が続くようになった。体調不良になって、気分的にも滅入ってしまった。そうこうしているうちに霊拝みの終盤にお世話になったNさんの言葉を思い出した。

彼女が言うには、彼女が私の為にスケッチし、霊の道の掛け軸、霊神様を描いてくれる絵師の方が描画した掛け軸、霊神様は他人に写真撮影させてはいけないと忠告されていた。目が覚めて一睡もできないで悶々としながらタヌキ寝入りをしていた時、彼女の言葉を思い出した。真夜中の四時に起きて火の神様に線香を立て、自分が撮影して回った拝所の神様に通し拝みで、写真撮影したことを詫び、本書に掲載予定していた写真掲載をしないことを約束して、その場でデジカメに撮影して保存してあった写真を全部消去して床に就いた。するとその後からは眠ることが出来た。それからは、拝所に写真撮影に行くことをやめた。後でそのことを別の霊能者の方に話したら、「そんなこと当たり前の常識だ、拝所を撮影しても写真に写らないと言う人も居るのだから」と言われた。このような理由で私はこの本に拝所の写真を掲載することを断念した。

しかし、よく考えてみれば前段落で書いたことは当然である。なぜなら、霊拝みの拝所は、私が主人公で私の両親の親元の仏前、お墓、から両親の先祖の拝殿、お墓等私個人の先祖を辿る拝みである。すなわち私個人独自の拝所だからである。

上記の理由から、霊拝みの拝所は、拝みをする人独自の場所で、百人百様であり順序も場所も必ずしも同じではない。人によっては、自分の夢にしたがって霊拝みをする人も居ると聞くが、間違えたら解き拝みをしなければならない。そのことを考えると、やはり神様と対話できる中持ちを頼ってやったほうが無難ではないかと私は思う。

ここまで書いたが、本書はあくまでも凡人が書いた凡人の為のものである。
これで拙文を終える。

おわりに

二人の霊能者の方達に「霊拝みのことについて書くことが君の宿命だ」と言われて、その義務を果たすべく何とかここまで書きあげた。拙文を世間にさらすのは恥ずかしいが、これもまた宿命の一連の流れだから逃げることは許されない。神様が私に課した課題はあと二つあるらしい。他の二つについてはここで触れるのはよすが、身命を賭けて頑張るつもりでいる。霊拝みの実施から、この拙文を書き上げるまで長い年月、資金、労働力を要したが、満足感こそあれ何の悔いもない。

この間何名かの霊能者の方、知人、友人の助力のおかげでやっとここまで頑張れた。特に霊拝みで世話になった中持ちの方にはグイスの指導をはじめとして、拝みの神事用具の作成、拝みを終えて後の古帳簿の後片づけ、ゴミの運搬等、労力を惜しまず加勢して貰ったことに対してこの場を借りてお礼申し上げます。ありがとうございました。

また、この拙文を書くに当たり、章の分け方、目次の書き方等助言していただいた元職場の同僚の河上親彦氏、文章を校正してくださった友人の松田昌吉氏、最終の霊能者の方Nさんと協力しながら私の床神様、霊神様の絵を描いてくださった嘉手納の與額縁店の経営者輿栄一氏に大変お世話になりました。本書の装丁に與さんに描いていただいた絵を使わせていただいた。本当にありがとうございました。繰り返す事になりますが、與栄一氏は神様の絵を描く霊を持って居られる方で、神様の掛け軸、霊神様のことで困っておられる方は輿氏に相談すればよい。

私をここまで引き上げてくださった霊能者の方、故Nさんに感謝とお礼の言葉を申し上げます。今は亡きNさんのご冥福をお祈りしてパソコンを閉じます。

二〇一二年四月

山内　昌勝

著者略歴
山内　昌勝（やまうち　まさかつ）
1938年　読谷村字宇座に生まれる。
1959年　読谷高等学校卒業
　同年　琉球大学農家政工学部　電気科入学
1965年　琉球大学農家政工学部　電気科卒業
　同年　Pasific Architect and Engineering CO. 就職
1967年　国際学園　中央高等学校
1984年　浦添市立港川中学校
1989年　具志川市立東中学校
1994年　具志川市立高江洲中学校
1999年　具志川市立高江洲中学校　退職

参考文献

『沖縄琉球暦』沖縄本部出版
『沖縄門中大辞典』宮里朝光監修、那覇出版社
『沖縄の御願ことば辞典』高橋恵子著、ボーダーインク
『おきなわ村の伝説』青山洋二著、那覇出版社
『道教とは何か』坂出祥伸著、中高叢書

※本書は2012年9月15日に出版した『沖縄の民間宗教　霊拝みと拝所』を整理し、改訂したものである。

チジウガミ
―私の霊拝みの記録―

初版発行　2014年6月1日
著者　山内　昌勝
発行者　宮城　正勝
発行所　ボーダーインク
〒902-0076　沖縄県那覇市与儀226-3
電話　098(835)2777　fax 098(835)2840
http://www.borderink.com

印刷所　でいご印刷

ISBN 978-4-89982-257-8

〈付録〉霊拝みの拝所

琉球七観音堂

屋部観音堂（名護市屋部）
久志観音堂（名護市久志）
金武観音堂（金武町金武）
嘉手苅観音堂（石川市嘉手苅）
喜名観音堂（読谷村喜名）
奥武島観音堂（南城市玉城奥武）
普天間観音堂（宜野湾市普天間）

琉球八社

識名宮（那覇市繁多川）
末吉宮（那覇市首里末吉町）
安里八幡宮（那覇市安里）
沖宮（那覇市奥武山）
波上堂（那覇市若狭）
天久宮（那覇市天久）
普天間宮（宜野湾市普天間）
金武宮（金武町金武）

琉球七観音堂

屋部観音堂（名護市屋部）

クサイの井戸（屋敷の左側）

久志観音堂（名護市久志）

クサイ上の池

下の池

下の池は観音堂に向かって右側の道路の右下にある。道路脇に看板も立っているのでわかりやすい。

金武観音堂（金武町金武）

クサイの井戸

ガマの階段の下奥に向かって右下のくぼみ

嘉手苅観音堂（石川市嘉手苅）

クサイの井戸

観音堂の西側二〇〇メートル（仲泊向き右側）

喜名観音堂（読谷村喜名）

火ヌ神

クサイの井戸

道路に出て座喜味向け二百メートル行って、右の路地に入って田んぼの奥。下水道のふたの上を歩いていくとその突き当たりにある。

奥武島観音堂（南城市玉城奥武）

クサイの井戸

観音堂に向かって左側五〇メートル

普天間観音堂（宜野湾市普天間）

クサイの井戸

普天間宮の駐車場内にある。

琉球八社

識名宮（那覇市繁多川）

クサイの井戸（ウフカー）

末吉宮（那覇市首里末吉町）

子の方御水

安里八幡宮（那覇市安里）

クサイの井戸（屋敷内左隅）

沖宮（那覇市奥武山）

クサイの井戸

沖宮前の道路北へ二〇〇メートルの左側。お宮の広報に龍宮神・天照番の拝所あり。

波上宮（那覇市若狭）

波上宮はクサイの井戸はない。お宮の裏に天下り軸番と言う拝所があるが岩場で祠も何もない。素人にはわからない。

天久宮（那覇市若狭）

クサイの井戸の拝所は右側の石碑

普天間宮（宜野湾市普天間）

クサイの井戸

金武宮（金武町金武）

クサイの井戸